图解服务的细节
086

新·食生活プランナーになる本

# 超市转型

## 做顾客的饮食生活规划师

### 零售业新吸客之道

[日] 铃木国朗 著
王蕾 译

人民东方出版传媒
People's Oriental Publishing & Media
東方出版社
The Oriental Press

# 前　言

日本于2005年6月制定了《食育基本法》，并从该年7月开始正式施行。2013年12月4日，联合国教科文组织将“和食①”列入世界非物质文化遗产名录。

世界变化之快令人眼花缭乱，人们的日常生活也越发忙碌，因饮食不规律、营养失衡、卡路里摄取过量或运动不足导致的肥胖症或生活习惯病不断增加，过度节食等问题造成的“心理疾病”也有愈演愈烈之势。在此背景下，包括食品的安全性或标识问题、信息泛滥的处理等方面的内容在内，掌握“饮食”相关的知识，拥有选择“饮食”的能力，无疑是新形势下的关键。《食育基本法》也将食育置于“生存的基本，是智育、德育和体育的基础”这一重要地位。

今后，学校方面的教育会继续推进，家庭方面还将面临少子化等多种社会问题。实际上，对于每天的早餐、中餐、晚餐，普通家庭其实并不知道该怎么吃。随着核心家庭的发展，外出兼职的家庭主妇不断增加，没有时间在家做饭的情况也变得司

① 日本的传统饮食和饮食文化。

空见惯。如此一来，利用家庭代代传承饮食智慧的人员和机会正大幅度减少。

在这种情况下，对每天为菜单发愁或独自用餐的人而言，流通业、食品相关零售业可谓承担着极为重要的职责。在消费者购买商品时，若能提供各类商品的相关信息，介绍合理的食材搭配或烹饪方法，则可为消费者选择商品时提供重要的参考依据。若在此基础上进一步注明商品的营养成分、卡路里、产地情况等消费者感兴趣的信息，则既能兼顾消费者的家庭健康管理，又能丰富餐桌话题，有助于形成其乐融融的就餐氛围。

饮食生活规划师是指为消费者的饮食生活提供帮助，积极且持续性地提供饮食相关建议的职业人士。饮食生活规划师必须具备以下几种素养。

①理解饮食的重要性

人们的生活以饮食为中心，通过共同用餐不断加深与家人之间的感情，其重要性自然无须赘言。然而实际上，因奔波劳碌而疏于饮食的情况极为普遍。不良饮食的日积月累可能会引发严重的问题，这要求饮食生活规划师充分理解日常饮食的重要性，并通过各种形式给出建议。

②掌握正确的商品知识

以为自己是正确的，结果却出人意料的情况并不罕见，商品或信息也在不断地推陈出新。这要求饮食生活规划师主动从诸多信息来源中获取准确的信息，不断拓宽并正确表达自己所掌握的商品知识。

③熟知食品的处理方法

一部分人虽然擅长做饭，但并不了解食材的处理方法或剩余饭菜的保存方法。包括烹饪器具在内，食品的处理需要合理应对各种各样的环境变化。因此，饮食生活规划师必须以保证食材或原料的安全性为前提，将熟知并不断充实食品的处理方法作为自身的基本素养。

④了解多种饮食搭配或美食烹制法

随着独自就餐情形的增加，无论男女老少，只要是自己管理饮食，恐怕都会为一日三餐而发愁。饮食生活规划师的使命在于，针对千篇一律的日常饮食，提供·推荐数种值得购买的商品或采用时令食材精制而成的料理，并研究食物全新的食用方法。为此，研究并开发各式各样的美食菜谱，探寻新奇多样的美食烹制法无疑是成就使命的关键。

⑤懂得商品陈列或促销的基本技巧

即使确定了想要推荐的商品或相关产品，若其场所、时期、陈列·展示方法或内容有所不当，也无法达到预期的效果。对于饮食生活规划师而言，掌握商品陈列或促销的基本知识，准确地向顾客传达商品特性，通过 POP 广告等提供商品信息，进一步提高商品展示技巧尤为重要。

本书作为读者身边的饮食生活规划师，从多个角度提供饮食生活的相关建议，让消费者的日常饮食生活更加轻松、安全与丰盛，成为支持消费者健康与幸福的后盾，并囊括了为此所需的基本内容。

若本书能为包括从事食品零售业在内的整个食品行业或流通行业的读者朋友提供些许参考，笔者将不胜荣幸。

2014 年 9 月

铃木国朗

# 目　录
CONTENTS

# 第 1 章

# 提出饮食生活建议的原因

## 1. 食品零售业无法凭借单一的商品供应长存不衰

当今社会对于饮食“安心”与“安全”方面的要求之高可谓前所未有。尤其对于以维系日常饮食生活的生鲜超市为中心的食品零售业销售场所而言，当务之急是培养掌握了包括商品、卫生状况、标识或消费期限①等各类法律在内的广博知识，且具备实践经验的卖场负责人。

近来，电视节目宣传的食品营养素或功能通常能促使相关的商品销售量大幅度上升，对“食品”持有高度认识的消费者也在急剧增加。

针对这类消费者（顾客），站在食品零售业第一线的前锋的卖场负责人不仅要掌握食品相关的基础知识，还应具备将其进一步深化的实践智慧或经验，并提供切实可行的建议。

顾客对饮食的要求越来越高，无法满足顾客需求的零售店将逐渐销声匿迹。

## 2. 信息化增强了顾客的饮食意识

媒体和互联网的普及使人们的周围充斥着各种各样的信息。

① 在消费期限内，只要保存条件合适，商品不会出现质量问题。

从诸多信息中获取真正有用且准确的内容并非易事。“饮食”作为日常生活的基本内容之一，也面临着相似的难题。“饮食”相关的各类环境变得更加复杂，人们应以何种标准来确保饮食的安全放心还需要逐步摸索。

另外，随着社会结构的剧烈变化，少子高龄化、核心家庭化、“啃老族”的增加等社会现象给饮食生活带来了极大的影响。饮食生活的实际状态反过来可能也会对人格的形成产生影响。

日本人的饮食习惯除了积极融入了大量的西式风格外，单人用餐普遍化、饮食简单化等也在不断加速推进，饮食的面貌已然今非昔比。如今，在配菜专柜的发展迎来盛况的同时，传统的慢食文化也重新回归人们的视野。

这种饮食的多样化使饮食生活产生了某种失衡，可谓是饱食时代的营养不良。一日三餐若以外出就餐为主，那么吃饭除了维持身体机能，提供营养与能量之外，还要具备利用美食满足人们的胃口，用珍馐满足人们的好奇心等功能，并能通过与亲朋好友共同进餐获得喜悦，滋养心灵。

因此，笔者认为有必要根据不同的生活方式，提出有助于维护身心健康的饮食生活方面的建议。

为了使我们每个人都能度过健康富足的一生，笔者将再次对相关知识进行梳理，让大家真正认识到饮食的重要性。

## 3. 日本国会出台《食育基本法》

为了综合并有计划地推进有关食育活动的措施，2005 年 6 月 10 日，日本国会出台了《食育基本法》。

当今社会形势发生了很大的变化，在忙碌的生活中，人们往往容易忽视日常饮食。因而导致营养不均衡、肥胖、生活习惯病等不断增加，过度减肥的现象也越来越常见，饮食安全问题日益突出，这要求人们掌握与饮食相关的知识，培养健康饮食的意识。

食育是指采取相关措施，促使消费者养成良好的饮食习惯，能够独立思考有关饮食安全等方面的问题，也让人们从儿童时期开始便学习饮食安全、饮食的选择或搭配等知识，强化对饮食的意识和理解。

食育基本法将食育置于“生存的基本，是智育、德育和体育的基础”这一重要位置，以促进国民的身心健康和形成丰富的人格为目标，推进食育的同时，使国民进一步加深对自然给予的恩惠和饮食相关劳动者所从事活动的理解与感谢。并要求食品的制造、加工、流通、销售以及餐饮等饮食相关工作者主动积极地推进食育。

作为食品销售行业的从业人员，应该基于国会立法这一事实，做好本职工作，在提供以食品安全性为首的饮食相关各类信息的同时，通过卖场的陈设、商品的供应方式或提案式营销等措施，进一步推广饮食的相关知识，加深对饮食的理解。

## 4. 销售方扮演的角色

那么，食品销售方应该在哪些方面满足顾客的需求呢？商品相关的准确信息、美食菜单推荐、烹饪方法相关建议，以及优质服务……

为了满足顾客的以上需求，首先必须确保销售场所的安全与卫生。这要求销售方必须严格执行5S法则①，即整理、整顿、清扫、清洁以及素养。这些基本的日常管理正是筑就饮食生活规划师的基石。另外，店内的布置也必须从顾客的角度出发，商品的摆放位置要清晰醒目，方便顾客寻找，商品的陈设与展示要满足顾客的购买需求。

此外，销售方还需负责向顾客推荐应季商品或新产品，并介绍此类商品的亮点。销售方还要以实惠的价格供应必要的分量，介绍食材的食用方法或美食菜谱，让顾客拥有多种新奇的

① 5S法则：即整理（SEIRI）、整顿（SEITON）、清扫（SEISO）、清洁（SEIKETSU）、素养（SHITSUKE），也被称为“五常法则”，由于这5个词语的日本罗马音均以“S”开头，故称“5S”。

体验、真正感受到购物的快乐尤其重要。

要达到这个目标，需要销售场所每一名员工的努力。若员工对自己负责的商品充满信心，掌握向顾客推荐时所需的商品知识或美食菜谱等相关信息，并了解食材中所含营养成分与人体健康之间的关系等知识，无疑能为顾客提供更好的建议。

由此可见，销售方扮演的角色集卖场的打造、商品开发、信息提供于一体，并要为有效发挥其作用而不断积累各方面的知识、智慧与经验。

## 5. 销售方如何学习才能提出合理建议

若能正确认识到自己所扮演的角色，销售方必须掌握的内容也就不言而喻了。

首先，销售方需要学习健康生活所需的饮食和营养成分的摄入量，以及营养不足或营养过剩时给身体造成的不良影响等方面的知识。另外，若要取得顾客对食品安全性的理解，销售方还必须掌握食品生产或加工相关的正确信息，否则无法向顾客做详细说明。特别是对安全意识较高的生鲜食品而言，店铺或企业应展现出导入生鲜食品可追溯（生产履历的追踪）系统，掌控实际在售商品的生产流通过程等积极态度，这一点尤为重要。

其次，如何做好商品生产过程的卫生管理，并以安全放心的方式提供给消费者也是销售方需要考虑的关键课题。供应有益健康的食品固然重要，但若疏于食品的卫生管理，则可能引发食物中毒乃至死亡等事故。作为销售方，务必牢记食品的卫生管理事关顾客的生命安全。另一方面，法律上也有相关规定，一旦发生食品安全事故，销售方责无旁贷。

此外，销售方还需要掌握食材的烹饪方法、料理的总类、美食菜谱、时令食品，以及仪式活动·年节祭典等知识。为了有效地向顾客传递商品信息，学习卖场相关基本知识、商品陈列或展示技巧等内容也很有必要。

饮食生活的内容受生活方式或烹饪设备的变化、环境问题的改善对策等因素的影响而不断发生改变。由于国外新产品的引进、企业新产品的开发，食品的烹饪方法与菜单种类也随之不断更新。除了自己负责的商品之外，相关商品知识，尤其是果蔬、鲜鱼、精肉等生鲜食品的知识储备也不可或缺。所以，要成为提供合理饮食建议的专业人士，必须具备广泛的知识及经验。

# 第 2 章

# 膳食与健康的密切关系

要打造强健的体魄，健康地度过每一天，就必须认识到膳食发挥的重要作用。合理膳食能让我们摄取身体所需的营养素，补充人体活动所需的能量，改善身体状况。

在为顾客提供合理的饮食建议时，了解膳食的意义、营养素的作用，以及含有此类营养素的食品等知识可谓至关重要。另外，知晓营养素摄取过量或不足对身体产生的影响、运动产生的效果等信息还能为饮食建议锦上添花。人们都希望品尝更多美味的食物，选择适合自己口味的食谱，但自身的喜好可能与饮食生活的合理性背道而驰。因此，为顾客提供健康合理的饮食生活建议，首先要从掌握膳食与健康相关的基本信息入手。

## 1. 身体所需的营养与平衡

我们每天摄取的食物中包含了生存所需的能量与营养成分。各类食品中所含的能量以“千卡路里”为单位进行计算。营养成分分为糖类、蛋白质、脂肪、矿物质、维生素等多种营养素。《日本人膳食摄取标准》（厚生劳动省）明确了人体所需能量及各类营养素的标准摄入量，各类食品也标注了能量与营养成分的含量，为均衡饮食、促进身体健康提供了重要参考。

### (1) 能量估计需求量

能量估计需求量（estimated energy requirement，ERR）是指

根据人的年龄、性别、身高、体重，以及不影响健康的身体活动量，在能量平衡※（能量收支为0）的概率达到最高值时，推算人体1天习惯性摄入能量的平均值。能量估计需求量随着身体活动水平的剧烈程度而变化。

※能量平衡：成年人计算方式为能量摄入量-能量消耗量

人体1天的能量消耗量（总能量消耗量）由基础代谢量、身体活动消耗的能量以及膳食生热（膳食诱导的生热作用）构成。除此之外，成长期的幼儿·婴儿还需要身体组织生长部分相应的能量（能量储存量），以及组织形成所需的能量。组织形成所需的能量属于总能量消耗量的一部分，但能量储存量并不包含在内。因此，计算人体的能量需求量需要在总能量消耗量的基础上增加能量储存量。

**能量估计需求量（kcal/天）**
**=基础代谢量（kcal/天）×身体活动水平+A+B**

A：能量储存量（成长发育期的幼儿·婴儿）

B：附加量（孕妇、或哺乳期女性）

基础代谢是指人在清醒状态下维持生命（心脏、呼吸、肾脏的正常运作，维持体温及肌肉紧张等）所需的最低限度的能量消耗。基础代谢消耗的能量即为基础代谢量，具体是指身体·精神在安静状态下进行代谢，维持生命活动所需的最低限度的能量。基础代谢量随着饮食或运动等日常生活状态的不同而变化（参照**图表1、图表2**）。

身体活动水平代表人体在日常生活中的平均活动强度，其数值表示1天中的总能量消耗量与基础代谢量之间的倍数关系。

对于体重变化不明显、无组织量增减的成年人而言，组织量增减相应的能量需求为0（无需求），其能量需求量与总能量消耗量相等。因此，人体摄入的能量超过能量需求量时，无法消耗的能量将转变为中性脂肪囤积在体内，造成短期内的体重增加或体脂率上升，长期摄入过量则会导致肥胖。

### （2）五大营养素

一般来说，保持健康需要依靠营养、运动与休息之间的平衡来实现。营养通过饮食摄取，由人体从食物中消化吸收，主要包括提供维持体温及人体活动的能量来源、构成机体组织、调节身体状态等功能。营养素是指食物中含有的营养物质。

**图表3**反映了不同的营养素与三大主要功能之间的关系。我们可以通过图表加深对糖类、脂肪、蛋白质、矿物质、维生素等五大营养素的作用的理解。

**图表1 不同年龄·性别所对应的基础代谢量与能量需求量**

(单位：kcal/天 )

| 年龄 | 性别 | 基础代谢量 | 能量估计需求量<br>身体活动水平<br>Ⅰ | <br><br>Ⅱ | <br><br>Ⅲ |
|---|---|---|---|---|---|
| 18～29岁 | 男 | 1510 | 2250 | 2650 | 3000 |
| | 女 | 1120 | 1700 | 1950 | 2250 |
| 30～49岁 | 男 | 1530 | 2300 | 2650 | 3050 |
| | 女 | 1150 | 1750 | 2000 | 2300 |
| 50～69岁 | 男 | 1400 | 2100 | 2450 | 2800 |
| | 女 | 1110 | 1650 | 1950 | 2200 |

根据日本厚生劳动省：《日本人膳食摄取标准》（2010年版）制作

**图表2 不同身体活动水平所对应的代表性活动内容与活动时间（15～69岁）**

| 身体活动水平 | | 低（Ⅰ）<br>1.50（1.40～1.60） | 中（Ⅱ）<br>1.75（1.60～1.90） | 高（Ⅲ）<br>2.00（1.90～2.20） |
|---|---|---|---|---|
| 日常生活的内容 | | 生活中大部分时间在座位上度过，以活跃度低的活动为主 | 从事久坐为主的工作，伴随少量移动或站立等劳动·接待工作，还包括通勤·购物·家务·轻度运动等 | 从事久坐为主的工作，伴随少量移动或站立等劳动·接待工作，还包括通勤·购物·家务·轻度运动等 |
| 活动分类（小时/天） | 睡眠（0.9） | 7～8 | 7～8 | 7 |
| | 久坐或久站等活跃度低的活动（1.5:1.0～1.9） | 12～13 | 11～12 | 10 |
| | 慢走或家务等低强度活动（2.5:2.0～2.9） | 3～4 | 4 | 4～5 |
| | 长时间的持续性运动·劳动等中强度活动，包括步行在内（4.5:3.0～5.9） | 0～1 | 1 | 1～2 |
| | 间歇性休息的频繁运动·劳动等高强度活动（7.0:6.0以上） | 0 | 0 | 0～1 |

图表3　五大营养素

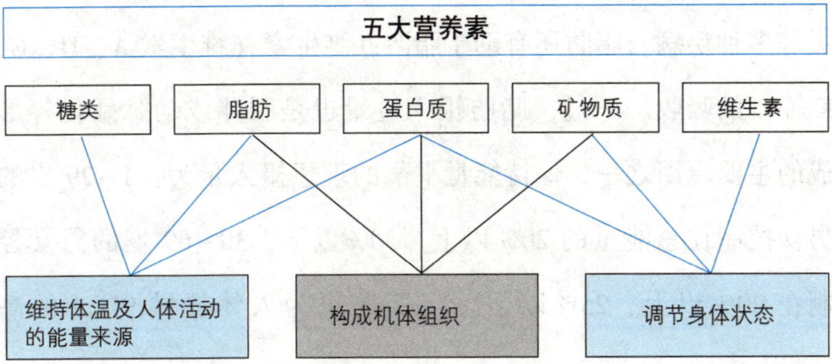


①糖类

大米等主食、薯类、甜点、水果等食物中含有大量的糖类，可以在短时间内被人体吸收转变为能量，是十分重要的营养成分。糖类在小肠内被一种叫作淀粉酶的消化酶分解为葡萄糖后，为大脑等器官提供能量，不过一旦摄取过度，糖类将转变为脂肪囤积在体内。

糖类中含有膳食纤维的食品被称为碳水化合物。膳食纤维是一种无法被人体消化的成分，具有调节肠胃功能的作用。据说膳食结构中的碳水化合物供能在总能量的 50%～70%以下时，有利于减少体内脂肪的堆积。1g 碳水化合物可产生 4kcal 的能量。

②脂肪

脂肪包括玉米油或芝麻油等液态的“油”、黄油或猪油等固态的“脂”，以及鸡蛋、牛奶等食品中所含的物质等，是人体重要的能源供给源，也是构成细胞膜的重要成分。人体自身无法合成的必需脂肪酸一旦摄入不足，可能引起皮肤炎症、发育迟缓等多种疾病。脂肪还有助于脂溶性维生素（维生素 A、D、E、K 等）的吸收。不过，脂肪摄入过量也是肥胖或动脉硬化等形成的主要原因之一，保持能量平衡的理想摄入量为：1~29 岁的男女控制在总能量的 20%以上、30%以下，30~69 岁的男女控制在 20%以上、25%以下。1g 脂肪可为人体提供 9kcal 的高能量。

此外，食品中所含脂肪的主要成分被称为脂肪酸。脂肪酸根据不同的结构可以分为饱和脂肪酸、单不饱和脂肪酸、多不饱和脂肪酸等。饱和脂肪酸多含于肉类或乳制品等动物性脂肪中，其过量摄入是导致低密度脂蛋白胆固醇及中性脂肪增加、引发动脉硬化的原因之一。单不饱和脂肪酸以菜籽油或橄榄油中富含的油酸为代表，目前认为其导致动脉硬化或心脏病的风险较小。多不饱和脂肪酸包括深海鱼中富含的 DHA 和 EPA，植物油中含有的亚油酸、亚麻酸等必需脂肪酸，DHA 和 EPA 对大脑的发育和功能影响较大，具有净化血管、促进血液循环的功效。

最近市场上出现了不少新型健康食用油，例如胆固醇含量为 0 的品种、减少脂肪吸收的品种，以及抑制胆固醇吸收的品种等。在菜谱中灵活使用这些新型食用油，有助于进一步做好人体的健康管理。预防动脉硬化或胆结石等病症必须注意日常饮食生活的管理，将血液中的胆固醇浓度控制在合理的范围内。

**图表4 脂肪酸**

| | 代表性脂肪酸 | 特征 | 含量较多的食品 |
|---|---|---|---|
| 饱和脂肪酸 | 棕榈酸等 | 过量摄入会促使肝脏中的胆固醇升高，导致低密度脂蛋白胆固醇增加 | 棕榈油（植物油的一种）、猪肉或牛肉等动物脂肪、黄油等 |
| 单不饱和脂肪酸 | 油酸等 | 与多不饱和脂肪酸一样，具有降低低密度脂蛋白胆固醇的作用。另外，有实验报告指出，单不饱和脂肪酸不会导致高密度脂蛋白胆固醇减少，因而近来备受关注 | 橄榄油、菜籽油、调和色拉油、榛子、夏威夷果、牛肉、猪肉、鸡肉等动物脂肪 |
| 多不饱和脂肪酸 | 亚油酸、EPA、DHA等 | 减少低密度脂蛋白胆固醇，防止血栓的产生，预防动脉硬化。不过，亚油酸摄取过量可能导致高密度脂蛋白胆固醇与低密度脂蛋白胆固醇一同减少 | 亚油酸：红花油、葵花籽油、色拉油等多种植物油，芝麻、松子等果实<br>EPA：鱼子、小鲔金枪鱼、沙丁鱼、鲱鱼、青花鱼等<br>DHA：蓝鳍金枪鱼脂肪、鱼子、红鲷鱼、鰤鱼、青花鱼等 |

### ③蛋白质

蛋白质多含于肉类、鱼肉、大豆制品等食物中，由氨基酸组合而成，是构成皮肤、骨骼、肌肉、内脏、内分泌、酶等人体组织的主要原料，是人体的重要组成部分。人体所需的氨基酸一共有 20 种，其中，无法通过人体自身合成，必须从食物中直接摄取的氨基酸被称为必需氨基酸。必需氨基酸一共有 9 种，分别为：亮氨酸、异亮氨酸、赖氨酸、甲硫氨酸、苯丙氨酸、苏氨酸、色氨酸、缬氨酸、组氨酸。这些成分在最近的氨基酸保健饮品中十分常见。蛋白质每日的推荐摄入量为：成年男性 60g，成年女性 50g，动物性蛋白质与植物性蛋白质最好按照 1∶1 的比例摄取。1g 蛋白质可产生 4kcal 的能量。

④矿物质

矿物质是指除碳、氮、氧、氢之外，无法在人体中自行合成的必需元素，也被称为无机质，是人体的重要组成部分。例如，牙齿或骨骼的形成需要钙元素，血液或肌肉离不开铁元素等。另外，矿物质与维生素一样，虽然在人体中的总量较少，但在维持·调节人体机能等方面发挥着重大作用，是人体必需的营养素之一。青少年时期从食物中摄入的钙成分不足可能引发骨质疏松症，食盐摄取过量，钠成分摄入过多是导致高血压或胃癌等生活习惯病的重要原因，这些常见矿物质与健康的关系已经为人们所熟知。为了防止矿物质摄入过量，给人体造成不良影响，必须注意各种健康食品或营养保健品的食用方法和摄入量。

⑤维生素

众所周知，人体维生素不足可能导致夜盲症（缺乏维生素A）、脚气病（缺乏维生素B1）等特有的维生素缺乏症。人们也逐渐意识到维生素是保持健康生活不可或缺的营养素之一，虽然在人体内的含量很少，除了作为酶的辅酶之外，还发挥着其他各种重要作用。在大多数情况下，维生素无法自行在人体内合成，需要通过食物适量摄取。尽管现在通过营养保健品来补充维生素的方式十分盛行，但需要注意的是，过量摄入也可能引发中毒性病症。维生素根据其化学性质的不同可以分为水溶性维生素（**见图表5**）和脂溶性维生素（**见图表6**）两种。

**图表5　水溶性维生素**

| 维生素名称 | 作用 | 维生素缺乏症等 | 果蔬 | 鲜鱼 | 精肉 | 日配食品 | 杂货类食品 |
|---|---|---|---|---|---|---|---|
| 维生素$B_1$ | 消除疲劳、改善精神状态、增进食欲、促进能量代谢等 | 能量代谢减慢，慢性疲劳，食欲不振；严重时发展为脚气病，出现手脚麻木或皮肤感觉异常等症状；上下台阶时感到气喘无力 | 黄绿色蔬菜 | 鳗鱼、鳕鱼子 | 猪肉、火腿 | 鸡蛋、牛奶 | 糙米、大豆、芝麻 |
| 维生素$B_2$ | 有助于糖类、脂肪、蛋白质的代谢<br>有助于维持皮肤和黏膜的健康 | 出现多种生长发育障碍；出现眼部倦怠或角膜炎；引发口腔溃疡或舌炎，出现舌头发紫，伴有疼痛感等症状 | 坚果类、香菇 | 七鳃鳗 | 鸡肉、猪肉、牛肝 | 鸡蛋、纳豆、奶酪 | 坚果类、奶粉、胚芽 |
| 烟酸 | 具有分解酒精的作用 | 头痛、晕眩、皮肤炎、口角炎等 | 菌类、花生 | 鳕鱼子 | 猪肉、牛肝 | 蓝纹奶酪 | 花生、豆类 |
| 维生素$B_6$ | 将蛋白质转化为能量的代谢作用 | 能量代谢减慢，出现痉挛或其他症状；皮肤发痒或湿疹等 | 香蕉、银杏果 | 红鱼肉（金枪鱼、鲑鱼） | 鸡肉、猪肉、牛肝 | 牛奶、奶酪 | 奶粉、大豆、抹茶 |
| 维生素$B_{12}$ | 作用于红血球的合成，维持神经细胞的正常功能等 | 恶性贫血、神经系统疾病等；伴有肠胃功能紊乱、感觉异常、头痛等；还会引发神经痛等；中枢神经系统疾病 | ／ | 贝类、鱼子、秋刀鱼 | 猪肉、牛肝 | 鸡蛋、奶酪 | 奶粉 |
| 叶酸 | 预防贫血、促进大脑发育，有助于蛋白质的代谢等 | 恶性贫血、口腔溃疡、腹泻、影响生长发育等 | 菠菜、西兰花、芦笋、土豆 | 安康鱼肝、鳗鱼肝 | 猪肉、牛肝 | 蛋黄、沙丁鱼干 | 番茄酱、胚芽 |
| 泛酸 | 维持副肾的正常功能，提高人体抵抗力等 | 头发枯黄无光泽，容易感冒；食欲不振，脚部有灼烧或其他不适感 | 花生、菌类 | 所有的鱼虾贝类 | 鸡肉、猪肉、牛肝 | 纳豆、蛋黄 | 花生、豆类、番茄酱、蛋黄酱 |
| 维生素C | 增强抵抗力，预防感冒，预防白内障导致的视力下降，具有美白效果，促进胶原蛋白的合成，强化血管，促进骨骼生长 | 对病毒或细菌的抵抗力降低；烦躁不安，皮肤粗糙，严重时出现皮下出血或牙龈出血等症状 | 黄绿色蔬菜、红薯、土豆、柿子、草莓、柠檬 | ／ | ／ | ／ | 绿茶、白薯江米条、巴贝多樱桃汁 |

**图表6 脂溶性维生素**

| 维生素名称 | 作用 | 维生素缺乏症等 | 果蔬 | 鲜鱼 | 精肉 | 日配食品 | 杂货类食品 |
|---|---|---|---|---|---|---|---|
| 维生素A | 维持肠胃、支气管等黏膜的正常功能，调节皮肤状态，促进生长发育，预防癌症等 | 出现在昏暗环境下视物不清的夜盲症等视力障碍；泪腺功能下降，眼球干燥，严重时可能导致失明；皮肤干燥，鼻腔、支气管、肠胃等黏膜变弱，引发口腔溃疡或肠胃功能紊乱等病症；容易患上感冒等传染病 | 黄绿色蔬菜 | 鳗鱼、三文鱼子、小鱼 | 鸡肉、猪肉、牛肝 | 鸡蛋、牛奶、奶酪 | 番茄罐头、番茄酱 |
| 维生素D | 促进钙、磷等成分的吸收 | 出现腹泻或发热等症状，严重时可能导致软骨病或佝偻病；婴幼儿缺乏维生素D会影响骨骼的生长发育，出现X型或O型腿，导致步行能力较差 | 香菇、木耳 | 沙丁鱼、鲑鱼、鲱鱼、鳗鱼、金枪鱼、秋刀鱼 | | 蛋黄、小沙丁鱼干 | 沙丁鱼干、干木耳 |
| 维生素E | 防止细胞老化，预防癌症，促进血液循环等 | 加速人体老化，影响血液循环，手脚畏寒僵硬、动脉硬化等加剧孕妇容易流产 | 坚果类、牛油果、菠菜、青椒 | 鲑鱼子、鳕鱼子、康吉鳗 | 肥牛肉 | 蛋黄、奶酪 | 坚果类、糙米、小麦胚芽、葵瓜子油、大豆油 |
| 维生素K | 止血作用等 | 受伤后凝血时间较长，出血不止 | 绿色蔬菜（菠菜、油菜、萝卜叶、茼蒿、欧芹） | 鳗鱼肝、乌鱼子 | 鸡肉（带皮）、肥牛肉 | 纳豆 | 绿茶、红茶 |

### （3）对人体有益的食物？有害的食物？

那么，是否食物的营养素越多就对人体越有益呢？**图表8**分别总结了食物“对人体有益的原因”和“对人体有害的原因”。若对照此图表的内容，人们在选择食物时或许会犹豫不决。有些富含特定营养素的食品虽然有益于身体健康，摄入过量反而会对人体有害，这种情况屡见不鲜。举例来说，高蛋白饮食会对糖尿病人或高血压患者造成不良影响。“肉类属于酸性食品，因此对身体有害；蔬菜属于碱性食品，所以对身体有益”等说法也缺乏说服力。

**图表7 矿物质的种类与作用**

| 矿物质名称 | 作用 | 含量较多的食品 | | | | |
|---|---|---|---|---|---|---|
| | | 果蔬 | 鲜鱼 | 精肉 | 日配食品 | 杂货类食品 |
| 钙 | 维持骨骼与牙齿正常发育的必要成分。有助于多种营养素的吸收。提高人体肌肉收缩功能。维持神经系统的运作，防止出现烦躁不安等症状。预防骨质疏松症。有助于控制高血压 | 西洋菜、萝卜菜 | 小鱼、鱼干 | 鸡肉（软骨） | 牛奶、豆类 | 羊栖菜、海藻、豆类、鱼干 |
| 镁 | 与钙成分一起作用于骨骼、牙齿的形成、肌肉收缩、神经系统的运作等。预防糖尿病、骨质疏松症。降低胆固醇，缓解头痛 | 坚果类、香蕉 | 牡蛎 | 猪肉（瘦肉） | 纳豆、大豆制品 | 糙米、坚果类、羊栖菜、大豆 |
| 磷 | 作为钙元素的辅助成分，作用于骨骼与牙齿的形成。有助于遗传物质DNA的形成。参与人体能量的形成与神经系统的运作 | 杏仁 | 西太公鱼、鱼干 | 牛肉、猪肉、鸡肉、火腿 | 牛奶、鸡蛋 | 鱼干、杏仁、葡萄干 |
| 钠 | 维持肌肉与神经系统的正常运作。大量出汗导致体内钠元素不足时，会出现疲劳乏力等症状 | / | 咸鱼 | 火腿 | 腌制食品、酱菜 | 食盐、味噌、酱油 |
| 钾 | 维持肌肉正常收缩的重要成分。有助于控制钠摄入过量引发的高血压。稳定心跳，预防中风 | 芋头、菠菜、香蕉、柿子干、葡萄干 | 所有的鱼虾贝类 | 所有的肉类 | 纳豆、豆制品 | 羊栖菜、葡萄干 |
| 铁 | 制造血液中血红蛋白的重要成分。有助于人体能量形成。铁元素不足会导致贫血、晕眩、免疫力下降 | 小松菜、菠菜、欧芹 | 蚬子 | 肝脏、瘦肉 | 鸡蛋 | 羊栖菜、加州梅、小杂鱼干 |
| 锌 | 参与蛋白质的代谢。构成调节血糖所需的胰岛素。与锰元素一起促进伤口愈合。促进精子的生成，维持男性的生殖功能 | 青豌豆 | 鱼虾贝类、牡蛎、鳕鱼子 | 牛肉、猪肉、鸡肉 | 牛奶 | 大米、糙米、坚果 |
| 铜 | 帮助铁元素发挥作用，参与血红蛋白的形成。参与白血球免疫功能的形成。有助于人体能量形成 | 坚果类 | 牡蛎、鲑鱼子 | 猪肝、牛肝 | 纳豆 | 坚果类、糙米、可可 |
| 锰 | 有助于骨骼形成、糖类、蛋白质、脂肪等多种酶的作用，维持胰脏、眼睛的正常功能 | 杏仁、栗子、干柿子 | 鱼虾贝类 | 肉类 | 纳豆 | 杏仁、大米、栗子 |
| 碘 | 提高甲状腺的功能，促进新陈代谢。有助于控制乳腺癌的恶化。参与人体能量的形成 | / | 青背鱼 | 鸡肉 | / | 海藻 |

**图表8 对人体有益的食物？有害的食物？**

| 类别 | 食品名称 | 对人体有益的原因 | 对人体有害的原因 |
|---|---|---|---|
| 果蔬 | 菠菜 | 富含铁成分，改善贫血 | 含草酸，与钙成分结合可导致结石 |
| | 胡萝卜 | 富含胡萝卜素（维生素A），保持皮肤滋润 | 生胡萝卜中含有抗坏血酸酶，破坏维生素C |
| | 红薯 | 富含维生素C和膳食纤维，润肠通便 | 糖分含量高，容易导致肥胖 |
| | 水果 | 富含维生素C，美容养颜，增强对感冒的免疫力 | 糖分含量高，引发肥胖 |
| 鲜鱼 | 青背鱼 | 富含EPA，预防动脉硬化 | 脂肪含量高，要注意卡路里的摄入量 |
| | 鱿鱼·章鱼 | 富含牛磺酸，预防贫血，增强心肺功能 | 胆固醇含量较高 |
| 精肉 | 肉 | 肌肉形成所需蛋白质的重要供给源 | 动物性脂肪是导致生活习惯病的原因之一 |
| 日配食品 | 蒟蒻 | 含有丰富的膳食纤维，利于通便 | 无法被人体消化，不能提供营养 |
| | 鸡蛋 | 优质的蛋白质来源 | 胆固醇含量较高 |
| | 牛奶 | 含有丰富的钙质，便于人体吸收 | 动物性脂肪含量较高 |
| 杂货类食品 | 小杂鱼干 | 含有丰富的钙质，强健骨骼 | 脂质过氧化物含量高，是导致皮肤长斑或痤疮的原因之一 |
| | 糠 | 富含维生素B1，有助于消除疲劳，缓解心情烦躁 | 含植酸，阻碍矿物质的吸收 |
| | 茶 | 含有儿茶素、维生素C等，有助于调节血液中的胆固醇 | 茶叶中的单宁与铁成分结合，影响铁成分的吸收 |

总之，我们无法单凭某一种食品所含的某一类营养素判断其对人体的好坏作用。膳食通常由多种食品组合而成，既要求美味，又要兼顾营养素的搭配。饮食生活是一日三餐的合集，均衡饮食的重要性不言而喻，目的在于维持身体上的健康和精神上的富足。掌握各种食品的特性是提供健康饮食建议的基础。

## 2. 生活习惯病与饮食的关系

### (1) 病从“食”来

近年来，日本人的饮食生活呈现多样化、西洋化等趋势，脂肪或卡路里的大量摄入，加上运动的缺乏，导致肥胖人数逐渐增加，外出就餐现象愈发普遍，蔬菜摄入量严重不足等问题开始被人们关注。年轻人偏爱即食食品，三餐不规律等情况也十分常见，由此引发的营养失衡等问题越来越突出。这些都是妨碍健康生活、诱发生活习惯病的重要原因。要实现饮食生活的合理均衡，必须从“吃什么”“吃多少”等基本信息的普及开始。从保持健康或预防生活习惯病的角度来看，食品的购买、消费方自不必说，提供饮食建议的销售方也需要了解饮食与疾病之间的关系。

### (2) 生活习惯病的定义

生活习惯病是一种与生活方式密切相关的疾病，由不良的生活习惯诱发或促成。近年来不断增加的糖尿病或高血脂等病症在过去被称为“成人病”。然而，由于此类疾病的诱发或发展与饮食、运动、休息、抽烟、喝酒等生活习惯息息相关，因此被改称为“生活习惯病”，且呈低龄化趋向，甚至出现在小学生身上。

现代人的生活紧张忙碌，日复一日地在压力中度过。

在这种情况下，若运动不足、睡眠不足、饮食生活不规律、偏食或过饱、吸烟或饮酒过量等不良生活习惯长期累积，不仅会给身体带来极大的负担，还会诱发各种各样的疾病。

据调查，目前高血压、糖尿病、血脂异常所导致的心脏病和脑血管疾病约占日本人死因的四分之一。

针对这些疾病，可以通过培养良好的生活习惯、改善饮食生活来积极预防、延缓疾病的发生或恶化，现代人对于饮食的关注度也由此不断提升。

总而言之，食品销售方从销售的立场出发，不仅要在商品销售上下功夫，还需要在提供健康饮食建议时传达顾客所关心的信息，以进一步提高服务水平。

**①糖尿病**

糖尿病是指因胰岛素（降低血糖的激素）功能受损而引发的疾病，患病后血糖值升高，若不进行干预治疗可能引发糖尿病神经病变、糖尿病性视网膜病变、糖尿病肾病等三大并发症。1 型由分泌胰岛素的细胞被破坏所引起，多见于儿童或青少年。2 型糖尿病占糖尿病患者的大多数，主要由饮食过量或运动不足等不良生活习惯引发。降低血糖值应避免饮食过量，确保合理摄入能量。

甜食或油腻的食物需要严格控制。还可建议顾客尽量少吃高糖或高卡路里的食品，大量摄入富含膳食纤维、葡甘露聚糖的蒟蒻或蔬菜等食物。

**②血脂异常**

血脂异常是指血液中的中性脂肪、LDL-胆固醇升高或HDL-胆固醇降低的症状。尤其是LDL（低密度脂蛋白胆固醇）过量后会在动脉血管壁上堆积，导致动脉变厚变硬，形成动脉粥样硬化。因此，减少膳食中胆固醇的摄入量十分重要。

减少蛋黄、鸡肝、鱼子、带籽多春鱼、鱿鱼等食物的摄入。另外，还可向顾客推荐具有降低胆固醇功能的食品，例如含有EPA（二十碳五烯酸）的竹荚鱼或沙丁鱼、青花鱼等青背鱼，以及含有海藻酸的裙带菜或含有卵磷脂的大豆等食品。

**③高血压**

大部分高血压无法明确病因。早期几乎无症状或症状不明显，若不进行干预治疗可能导致血管变硬，诱发缺血性心脏病（心绞痛或心肌梗死）或脑中风等病症，十分危险。食盐摄取过量可能导致血压升高，甚至引发胃癌等危害已为人们所熟知。应建议顾客注意控制日常饮食中食盐的摄入量，例如在外出就餐时不要食用过咸的汤类，在家烹饪时减少调味料的用量，或摄入适量的钾来促进钠的代谢等。

为此，作为销售方首先必须了解盐分含量较多的食品。主要包括腌制类食品、酱菜、干货、拉面或荞麦面汤汁、汤类、竹轮（空心鱼卷）、梅干、奶酪、里脊火腿、长面包等。

另一方面，目前市面上已经出现了多种低盐食品，可通过特定的柜台进行宣传。此外，还可向顾客推荐富含钾成分的新鲜果蔬，用以排出体内多余的钠成分。蔬菜的营养成分容易在烹饪过程中流失，可采用煮汤的方式进行保留。

**④脑中风**

脑中风是一种因脑部血管阻塞（脑梗塞）或破裂（脑溢血）导致细胞死亡，造成意识丧失或半身不遂的疾病。其中，脑梗塞的致死率占脑中风患者的60%以上，血脂异常或糖尿病患者的患病风险更高，高血压患者则容易引发脑溢血。因此，培养低盐、低胆固醇的饮食习惯尤为重要。

**⑤心脏病**

心脏病的种类较多，这里主要针对生活习惯病之一的缺血性心脏病进行说明。缺血性心脏病是指因冠状动脉硬化引起心肌缺血的疾病，包括心绞痛和心肌梗死等。高血压、血脂异常、吸烟、高血糖是造成冠状动脉硬化的四大危险因素。

除了生活习惯之外，是否吸烟、压力大小、性格、家族史、运动不足等也是重要诱因。各种生活习惯病之间相互关联、相互影响，尽早改善包括饮食习惯在内的不良生活习惯，及早预防才是关键。我们提倡合理适量地饮食，控制脂肪的摄入，保持质与量的均衡，注重饮食规律。

**图表9　预防生活习惯病的合理饮食**

| 生活习惯病名称 | 食品或膳食方法 |
|---|---|
| 糖尿病<br>（预防肥胖） | ・多吃蔬菜<br>・按时就餐，细嚼慢咽<br>・少吃甜食或油腻的食品<br>・适量摄取，不过饱<br>・清淡饮食<br>・不要边吃饭边做其他事情<br>・吃不下就剩着<br>・使用小号饭碗<br>・少蘸调味料<br>・了解食品的能量含量 |
| 脑中风<br>（低盐） | ・使用低盐酱油<br>・发挥高汤、香草、香辛料、醋等调味品的作用<br>・控制调味料的用量<br>・多吃富含钾成分的蔬菜、水果，排出多余的钠成分 |
| 血脂异常<br>（低胆固醇） | ・按肉类脂肪1份，植物性脂肪或鱼油1.5份以上的比例摄取<br>・中性脂肪较高的人要减少糖或水果等食物的摄入，少喝酒<br>・控制乳脂肪、肥肉、蛋黄、方便面、巧克力等食品的摄入<br>・油炸食品或炒制食品采用植物油或健康食用油<br>・多吃青背鱼<br>・多吃富含膳食纤维的食品<br>・不要大量饮酒 |

健康饮食生活建议：

①营养均衡

②能量摄入合理

③饮食规律

不良生活习惯对照清单：

①挑食、偏食严重

②喜欢油炸食品或肉类

③喜欢口味厚重的食物

④外出就餐时不关注食品能量标识

⑤每天饮酒

⑥吸烟

⑦无运动习惯

⑧睡眠不足

**图表10 胆固醇含量较多的食品示例**

（单位：mg）

| 类别 | 食品名称 | 每100g食品中的胆固醇含量 |
|---|---|---|
| 水产类 | 安康鱼（肝脏、生鱼肉） | 560 |
| | 鳀鱼、沙丁鱼干 | 720 |
| | 小沙丁鱼干（半干燥品） | 390 |
| | 鳗鱼（蒲烧） | 230 |
| | 盐渍鲑鱼子 | 510 |
| | 鲑鱼子 | 480 |
| | 鱼翅 | 250 |
| | 多春鱼（半晒干、烤制） | 300 |
| | 鳕鱼子（生） | 350 |
| | 鳕鱼、鱼白 | 360 |
| | 生海胆 | 290 |
| | 凤尾虾（养殖、水煮） | 240 |
| | 枪乌贼（烤制） | 380 |
| 其　他 | 鹅肝（水煮） | 650 |
| | 鸡蛋（生） | 420 |
| | 长崎蛋糕 | 180 |
| | 泡芙 | 250 |

根据日本食品标准成分表（五订）制作

### (3) 再次确认饮食的作用

就像孩子喜欢零食甜点一样，人们在放任自己的情况下往往觉得脂肪较多的食品和甜食更加美味，更具吸引力。不过，日本人从幼年时就开始体验鱼汤的美味、食材原本的风味、米饭的清香……笔者希望这种饮食带来的幸福感与饮食文化能够向下一代传承。一味地关注食物的卡路里与营养均衡，忽视食物的味道与形态，那么吃饭的意义也随之变得单薄了。慢食文化的兴起与食育活动的兴盛正是以现代饮食出现的诸多问题为背景。饮食除了为我们提供生存所需的能量外，还具备更加丰富的内涵。

**关于营养保健品**

据调查，30~50 岁的壮年男性工作更为忙碌，在外就餐的机会较多，出现疲劳倦怠、烦躁不安等潜在性营养缺乏症状的人也越来越多。在饱食时代，营养保健品的主要作用在于补充日常饮食中缺乏的营养素，维持营养均衡，预防缺乏营养素所导致的病症。据统计，每 4 名女性中就有 1 名选择每天服用营养保健品。营养保健品并不能取代药物，虽然凝聚了各种各样的有效成分，十分便利，不过一旦摄入过量，也可能导致营养过剩或相应的病症。

忽视一日三餐的饮食，一味地依靠各式各样的营养素，这种生活方式无疑是不可取的。应向顾客建议以改善饮食生活为根本，充分掌握相关基础知识后再合理选择营养保健品。

图表11　“维生素·矿物质类营养保健品的摄取方法”推荐

| 症状或活动情况 | 需要的维生素·矿物质 | 注意事项 |
|---|---|---|
| 容易疲劳，精力较差 | 维生素$B_1$、铁 | ·每天的摄入量<br>·小心摄入过量<br>·与药物或其他成分的相互作用 |
| 皮肤粗糙 | 维生素$B_2$、锌 | |
| 定期运动 | 维生素A、钾 | |
| 压力较大 | 维生素C、钙 | |

## 3. 享受健康的饮食生活

### （1）营养、运动与休息之间的关系

日本人的日常生活在变得越来越便利的同时，人们的活动量也在急剧减少，沉浸在多种多样的美食中，摄入过多的能量。这给人们的健康带来了许多不良影响，例如肥胖、生活习惯病的增加等。从“吃什么”和“吃多少”的角度重新审视饮食生活，也就意味着要站在营养·饮食生活的立场上维持身体健康。

此外，要消耗过度摄取的能量，预防肥胖，运动是必不可少的。适合自身的适量运动能够有效预防生活习惯病，提高生活品质。不过，利用运动维持健康，并不表示运动强度越高、时间越长就越好。要保持良好的身体状态，增强体力，选择有氧运动更加安全有效。有氧运动包括慢跑、慢节奏游泳等多种类型。根据自身的体力培养适度的运动习惯即可。

在日常生活中培养运动习惯

“运动目标”

· 快走（100m/分） 25 分钟

· 有氧健身操（轻度） 25 分钟

· 自行车（18km/小时） 25 分钟

· 游泳（较慢） 25 分钟

· 慢跑（120m/分） 20 分钟

注：30 多岁的健康成年人每天的运动量

**图表12 维持健康的要素**

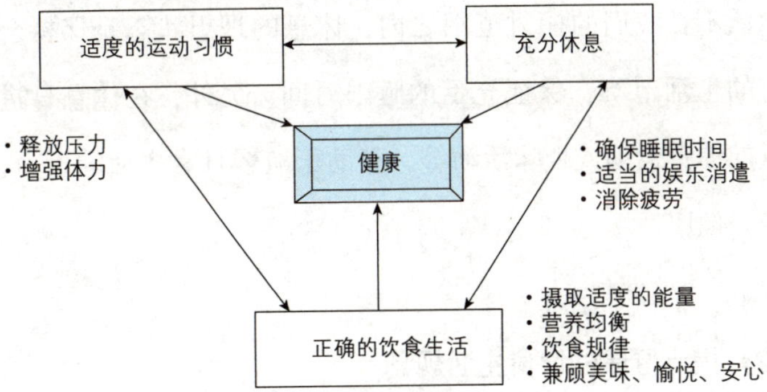


“创造运动机会”

· 外出时加快步行速度

· 绕远路

· 经常外出购物

· 走楼梯

· 每天以 1 万步为目标

· 边看电视边做伸展运动

“运动时的注意事项”

· 综合考虑身体状况和天气等因素，运动条件不佳时休息

· 通过低强度的柔软体操或伸展运动进行热身和放松

· 经常性补充水分

最后要强调的是，维持身体健康还必须注意休息。昼夜颠倒的生活不在我们的探讨范围之内，休息的理想状态是保持合理适宜的生活节奏，保证充足的睡眠时间。另外，在休息日进行适量的体育运动或趣味活动等，有助于减轻日常生活的压力，保持身心健康。

### （2）提出健康的饮食生活规划

作为食品销售方，我们通过每天的业务活动向顾客提供多种多样的商品。不过，单纯地将商品作为食材销售则毫无意义。商品应该是一家团圆时其乐融融享用的晚餐、开启健康一整天的早餐、给身体充电续航的午餐。

另外，根据实际情况提供饮食建议尤为重要。例如，季节

因素导致人们食欲不振时，应向顾客介绍开胃可口的菜谱；顾客身体状况欠佳时，提供促进身体恢复的饮食建议等。实现健康的饮食生活必须把握以下几点。

**①美味与营养均衡的并存**

就餐时总是选择口感好或自己偏爱的食物，必然会造成营养失衡。虽然没有必要强迫顾客摄取自己不爱吃的食物，但了解顾客不喜欢的或平时不吃的食物中所含的维生素或矿物质等营养素很有必要。用富含相同营养素的其他食品进行替代，便可提供健康合理的饮食建议。

**②把握一日三餐的节奏→不图快·不贪多**

夏季天气炎热，人们食欲减退，提不起胃口吃饭的情况十分常见。即便如此，哪怕每顿吃的量很少，也要保证一日三餐按时摄取。长期的饮食不规律会导致每餐摄入的食物全部被人体消化吸收，诱发肥胖。为了减轻内脏的负担，最好放慢就餐的节奏，细嚼慢咽。

**③合理摄取能量→小心脂肪·糖类摄入过量**

摄取的食物过量，卡路里超标，往往会导致肥胖。近来，在商品包装的醒目位置明确标注卡路里的食品越来越多，尤其需要提醒从事办公室工作或无运动习惯的顾客。另外，配菜等菜单上最好能注明食物的卡路里含量。

**④吃八分饱**

古话常说“饭吃八分饱，不把医生找”。深夜回到家，选择自己喜欢的食物当晚饭，饱餐一顿后立刻就寝，无疑会给肠胃带来极大的负担。若长期保持这种不健康的生活习惯，会增加诱发疾病的风险。饱餐一顿不如少食多餐，对身体更加有益。晚餐不宜吃得太晚，最好选择清淡易消化的食物。

**⑤保持平和愉悦的就餐氛围**

胃溃疡等消化系统疾病与人体承受的压力有关。消化不良还会给内脏带来很大的负担。反之，在温馨、平和、愉悦的氛围中就餐，则有利于促进消化。如今，由于回家时间不一致而无法共同进餐的家庭虽然越来越多，但至少在休息日时，尽量保证全家人能一起享受一段温馨美满的用餐时光。

# 第 3 章

# 了解食品经营的基本

作为食品流通业的从业人员，要深入理解饮食文化或饮食生活，提供合理的饮食建议，必须对食品的生产者、食品流通、市场，以及食品流通行业、食品零售行业等领域有一定的了解和认识。从百货商店到便利店，经营食品的店铺可谓多种多样，是人们身边十分常见和熟悉的场所。然而，实际接触农业、畜牧业或水产业等第一产业的人其实并不多，了解第一产业现状的人更是少之又少。而对于从事食品零售的店铺工作人员而言，要充分发挥为顾客提供饮食建议的重要作用，就必须掌握农产品或畜产品等主力商品及其市场或经营的基本知识。

## 1. 了解食品生产的第一线<农业篇>

首先，我们将从配置在生鲜食品超市入口处的果蔬类（蔬菜或水果）的生产来认识农业，了解食品生产的第一线。提起农业，大多数人可能最先联想到大米，所以本章也会简单地介绍一下大米的生产状况。

### （1）农业的现状

#### ①蔬菜的上市量与种植面积

**图表13** 按上市量从高到低的顺序，对2012年主要蔬菜品种的上市量与种植面积进行了排序。

**图表13　2012年度蔬菜的上市量、种植面积**

| | 品种 | 上市量（t） | 种植面积（ha） | | 品种 | 上市量（t） | 种植面积（ha） |
|---|---|---|---|---|---|---|---|
| 1 | 土豆 | 2043000 | 81100 | 11 | 茄子 | 246700 | 9860 |
| 2 | 卷心菜 | 1265000 | 34100 | 12 | 菠菜 | 217800 | 21700 |
| 3 | 萝卜 | 1167000 | 34400 | 13 | 甜玉米 | 204800 | 24900 |
| 4 | 洋葱 | 967400 | 24900 | 14 | 南瓜 | 177600 | 17700 |
| 5 | 白菜 | 723400 | 18000 | 15 | 牛蒡 | 142800 | 8810 |
| 6 | 番茄 | 644400 | 12000 | 16 | 山药 | 135000 | 7480 |
| 7 | 胡萝卜 | 543800 | 18900 | 17 | 青椒 | 125400 | 3420 |
| 8 | 生菜 | 529100 | 20900 | 18 | 西兰花 | 122500 | 13600 |
| 9 | 黄瓜 | 495000 | 11600 | 19 | 芜菁 | 110600 | 4830 |
| 10 | 大葱 | 381100 | 22900 | 20 | 芋头 | 109300 | 13400 |

根据农林水产省：2012年度蔬菜生产上市统计表制作

受气候的适宜程度、收获时期、栽培方法或收获频率等因素的影响，农作物的上市量会有所变化。虽然不能简单地断言农作物的种植面积越大其上市量就越多，不过从图表 13 来看，普通家庭接受程度越高的品种其产量越大。

### ②水果的上市量与果树种植面积

**图表 14** 与蔬菜一样，按上市量从高到低的顺序，对 2012 年主要水果的上市量与种植面积进行了排序。

根据农林水产省的调查，与上一年度相比，果树的种植面积呈现“收益性较高的品种与区域特色性品种有所增加，但从整体来看，由于近年来水果价格低迷或生产劳动力不足等因素致使果园管理不善，老树果园数量增加，造成多个品种的上市量有所减少”的趋势。上市量增加的品种主要包括柑橘类中的

图表14 2012年度水果的上市量、果树种植面积

| | 品种 | 上市量（t） | 果树种植面积（ha） | | 品种 | 上市量（t） | 果树种植面积（ha） |
|---|---|---|---|---|---|---|---|
| 1 | 柑橘 | 2417000 | 44600 | 10 | 李子 | 19300 | 2970 |
| 2 | 苹果 | 708400 | 37400 | 11 | 黄桃 | 15900 | 4440 |
| 3 | 日本梨 | 252800 | 13300 | 12 | 栗子 | 15300 | 21000 |
| 4 | 柿子 | 209300 | 21900 | 13 | 菠萝 | 6050 | 326 |
| 5 | 葡萄 | 182100 | 17600 | 14 | 枇杷 | 2660 | 1550 |
| 6 | 桃子 | 123700 | 9950 | 15 | 夏橙 | …… | …… |
| 7 | 梅子 | 78100 | 16400 | 16 | 八朔橘 | …… | …… |
| 8 | 奇异果 | 25500 | 2240 | 17 | 伊予柑 | …… | …… |
| 9 | 西洋梨 | 20700 | 1570 | 18 | 脐橙 | …… | …… |

根据农林水产省：2012年度果树生产上市统计表制作

丑柑、和歌山县的梅子、山形县的樱桃等。著名水果产地的高品质商品颇受消费者欢迎。

**③大米的产量与种植面积**

**图表15** 为2012年度不同地区的大米（水稻）产量及播种面积。

水稻的种植遍布全日本。随着农业机械的普及，化学肥料、农药、除草剂的开发，耐病虫害品种的培育，寒冷地区水稻种植技术的进步，以及经营模式的转变，水稻的产量大幅度提升。目前，北海道、东北、北陆、关东·东山地区的水稻种植面积·产量明显增加。

**④农业生产人口**

那么，日本从事农业生产的人口大约有多少呢？**图表16** 对日本从事农业生产的家庭人口数量进行了统计。从该图表来看，

**图表15 2012年度水稻的产量、种植面积**

| | 产量（t） | 种植面积（ha） | 所属都道府县名称 |
|---|---|---|---|
| 全国 | 8519000 | 1579000 | |
| 北海道 | 640600 | 112000 | 北海道 |
| 东北 | 2288000 | 396700 | 青森、岩手、宫城、秋田、山形、福岛 |
| 北陆 | 1141000 | 209400 | 新潟、富山、石川、福井 |
| 关东・甲信 | 1603000 | 295500 | 茨城、栃木、群马、埼玉、千叶、东京、神奈川、山梨、长野 |
| 东海 | 516900 | 101900 | 岐阜、静冈、爱知、三重 |
| 近畿 | 561400 | 109100 | 滋贺、京都、大阪、兵库、奈良、和歌山 |
| 中国 | 601400 | 114700 | 鸟取、岛根、冈山、广岛、山口 |
| 四国 | 269000 | 55800 | 德岛、香川、爱媛、高知 |
| 九州 | 895700 | 183300 | 福冈、佐贺、长崎、熊本、大分、宫崎、鹿儿岛 |
| 冲绳 | 2450 | 919 | 冲绳 |

根据农林水产省：2012年度水陆稻不同时期的收成及产量（水稻统计・按全国农业地域划分）统计表制作

※表中的数据经四舍五入后，可能存在明细数值与合计数值不一致的情况。

**图表16 农业就业人口数**

（单位：万人、岁）

| | 2008年 | 2009年 | 2010年 | 2011年 | 2012年 | 2013年（概数） |
|---|---|---|---|---|---|---|
| 农业就业人口数 | 298.6 | 289.5 | 260.6 | 260.1 | 251.4 | 239 |
| 其中 女性 | 159.7 | 154.6 | 130 | 134.5 | 128.4 | 121.1 |
| 其中 65岁以上 | 180.3 | 177.8 | 160.5 | 157.7 | 151.6 | 147.8 |
| 平均年龄 | 64.7 | 65.3 | 65.8 | 65.9 | 65.8 | … |
| 核心从业人口 | 197 | 191.4 | 205.1 | 186.2 | 177.8 | 174.2 |
| 其中 女性 | 86.7 | 83.6 | 90.3 | 79.8 | 74.7 | 72.9 |
| 其中 65岁以上 | 117.2 | 115.7 | 125.3 | 110 | 106 | 106.7 |
| 平均年龄 | 65.2 | 65.7 | 66.1 | 65.9 | 66.2 | … |

资料：农林业普查，农业结构动态调查（农林水产省统计部）

日本农业人口数量逐年减少，2008 年跌破 300 万人，2012 年为 251 万人。仅占日本总人口数量的 2.0%左右。

### (2) 农业近期的发展动向

根据农林水产省的调查，消费者对于农产品生产者主要有以下7个方面的要求，按期望值从高到低的顺序分别为：①安全、放心；②有机栽培、无农药、少农药；③公开商品产地、生产信息；④商品标识（真实、易懂）；⑤新鲜；⑥美味；⑦价格便宜。BSE[①] 问题、禽流感、食品标识造假等危害饮食安全的事件相继发生后，日本各大农产品产地纷纷就食品的安全性、信息公开、产品标识等采取了一系列措施。

#### ①产品可追溯性

源于牛肉的可追溯（生产履历的追踪）系统已经开始在蔬菜、水果等农产品中推广。以前，通过生鲜超市等企业的主页查看商品生产履历的方法较为常见，现在随着智能手机的普及，提供在柜台当场查阅农产品生产信息服务的超市也越来越多。

具体做法是在签约农户供应的自有品牌（PB[②]）商品外包装上粘贴二维码，顾客用手机读取后，即可自由获取商品的农药使用次数、种类、生产者、种植地的照片、评论等相关信息。签约农户在实际生产过程中，每日录入实际使用的农药及用量、使用次数等数据，严格按照产品计划进行PB商品的生产。

提供商品生产者、种植场所的实际情况、农药的使用情况等信息，可以提高消费者对商品的信任度，加深对商品安全性

① BSE：牛脑海绵状病，即疯牛病。

② PB：指 Private Brand。

的了解。相应地，采取此类措施的企业或生产者也会得到消费者的支持。

**②有机栽培、有机农产品**

世界各大农业国家为了提高农业的生产性，一直以来通过大量使用化肥农药或转基因技术来增加农产品的产量。这种做法虽然是出于对全球范围内粮食状况的考虑，但也可能引发环境污染或生态破坏等问题。在此背景下，不使用化学物质生产、安全性较高的农产品逐渐走进消费者的视野。另外，具有过敏性体质等特殊需求的消费者也更加青睐自然食品或有机农产品。

根据 JAS 法[①]的规定，有机农产品是指在播种或种植前 2 年以上（多年生作物为首次收获前的 3 年以上）的时期内，不使用化肥或农药，采用堆肥等方式进行耕作的农场内生产的农作物。满足条件的农产品可以使用 JAS 的认证标志。违反 JAS 法将受到严厉处罚。然而不可否认的是，一般消费者对于无农药或少农药等栽培方式之间的区别并不十分了解。

目前，针对农药和化肥的用量，生产者通常将低于当地普遍用量五成以上的农作物划分为“特别栽培农作物”。网络上也涌现了不少将有机栽培作为卖点的生产者或农场的主页，包揽了从有机栽培的商品说明到网络销售的各个环节。

随着消费者对食品安全性关注度的提高和健康意识的增强，

---

① JAS：全称为“Japanese Agriculture Standard”，即日本农业标准，详见下文。

仅提供商品生产信息查阅等服务已经无法满足消费者的需求，商品信息的内容变得越发重要。

**③品牌培育**

如今，消费者除了食品的安全性之外，对美味的追求也越来越高。以蔬菜为例，人们的目光逐渐聚集在富于食材原本风味的传统蔬菜上，水果则是甘甜、美味且个头硕大的品种更为畅销。因此，与新型加工食品的开发一样，各大农作物产地在开发新型农产品方面的竞争也十分激烈。

草莓可以说是新品种开发的代表性水果。目前，东日本以枥木县产的“枥乙女”草莓最为有名。西日本市场曾一度被福冈县产的“丰香”草莓占领，近年来，佐贺县产的“佐贺清香”、熊本县产的“露之水滴”、福冈县新开发的“甘王”也先后登场。正如“甘王”之名所示，追求“更红、更圆、更大、更甜”的草莓品种开发竞争已然进入白热化阶段。

此外，葡萄、枇杷等水果也陆续推出了无籽型、增甜型等新品种。

“夕张蜜瓜”作为北海道地区的著名品牌，具有十分稳固的市场地位。现在，各都道府县等自治体也将农产品的品牌培育作为提升地方形象魅力的重要措施。生产者、农作物产地不能只把目光放在眼前的作物生产上，应从商品开发到商品生产、销售等各个环节进行综合性、战略性的思考。

## 2. 了解食品生产的第一线<畜产篇>

BSE 问题、禽流感等事件虽然给日本的畜牧业造成了较大冲击，但随着各项安全对策的推进，畜牧业开始逐渐回暖。各大产地积极致力于品牌的培育，在确保产品安全性的同时，尝试开发味道和口感更佳的商品。

### （1）畜牧业的现状

#### ①屠宰数量与生产量、处理量

**图表 17、18** 分别为 2011 年日本国内牛肉、猪肉、鸡肉的生产情况统计表。这两个图表中的合计数值变化不大。在表示品种鸡或地鸡的“其他肉用鸡”一项中，2011 年的处理量为 800 万只，与上年相比增加了 2%。

**图表17　牛肉·猪肉的屠宰数量以及带骨肉生产量**

| 分类 | 屠宰数量（千头、%） | | | 带骨肉生产量（吨、%） | | |
|---|---|---|---|---|---|---|
| | 2011年 | 2012年 | 与上年相比 | 2011年 | 2012年 | 与上年相比 |
| 猪肉 | 16395 | 16776 | 102.3% | 1267328 | 1296971 | 102.3% |
| 成牛 | 1166 | 1191 | 102.1% | 499615 | 517844 | 103.6% |
| 和牛 | 518 | 540 | 104.2% | 227902 | 238589 | 104.7% |
| 乳牛 | 410 | 411 | 100.2% | 159738 | 164911 | 103.2% |
| 杂交牛 | 222 | 225 | 101.4% | 105015 | 107821 | 102.7% |
| 其他牛 | 16 | 15 | 93.4% | 6960 | 6523 | 93.7% |

根据农林水产省：食肉流通统计（2011年、2012年）制作

图表18 肉鸡处理量（全国）

| 分类 | 处理量 | | 与上年相比 | |
|---|---|---|---|---|
| | 数量（千只） | 重量（吨） | 数量 | 重量 |
| 肉用仔鸡 | 617176 | 1783393 | 97% | 97% |
| 其他肉用鸡 | 8006 | 24901 | 102% | 101% |
| 淘汰蛋鸡 | 88879 | 154004 | 98% | 97% |
| 总计 | 714061 | 1962298 | 97% | 97% |

摘自农林水产省：2011年肉鸡流通统计调查结果

### ②出货户数・饲养户数

**图表19**中饲养户数的数值反映了从事食肉生产的农户（户数）数量。

该图表为肉鸡中的小型肉用鸡的出货户数、肉用牛或猪的饲养户数，以及饲养数量。饲养户数虽然逐年减少，带骨肉生产量与肉鸡处理量却并没有下降，说明每1户饲养的肉鸡和肉用牛、猪的数量在逐渐增加。畜牧业面临的现状较为严峻，小规模、零碎化饲养方式无法形成规模化的生产经营，加上养殖户后继无人等难题，对经营管理的效率化要求更加紧迫。

图表19 饲养户数与饲养数量

| | 2011年 | 2012年 | 2013年 |
|---|---|---|---|
| 蛋鸡的饲养户数 | 2930 | 2810 | 2650 |
| 饲养只数（千只） | 175917 | 174949 | 172238 |
| 肉用牛的饲养户数 | 69600 | 65200 | 69600 |
| 饲养头数（千头） | 2763 | 2723 | 2763 |
| 肉猪的饲养户数 | 6010 | 5840 | 6010 |
| 饲养头数（千头） | 9768 | 9735 | 9768 |

根据农林水产省：畜产统计调查、畜产品流通统计制作

### (2) 畜牧业近期的发展动向

#### ①品牌培育

松阪牛、米泽牛、近江牛等均为日本一直以来的高级牛肉品牌，其生产地区为了使牛肉达到肉质柔嫩、纹理状如霜花等效果，往往采用独特的饲料或特殊饲养方法进行育肥。

猪肉也有自己的品牌，例如萨摩黑猪（鹿儿岛县）、白金猪（岩手县）、三元猪（山形县）等均颇负盛名。通过采用品种杂交，水、饲料的特殊投喂或独特的饲养方式等手段，培育·普及地方品牌，为地方畜牧业的繁盛做出了极大贡献。与畜产印象相去甚远的东京也培育出了 TOKYO-X 等新品牌。

鸡肉品牌以秋田县的比内地鸡最为有名。孵化后 3 个月以内出栏且在室内饲养的仔鸡通常被称为小型肉用鸡，品种鸡·地鸡的特点是指孵化后的饲养时间超过 3 个月，通过放养的形式增加鸡的运动量，确保肉质紧致，风味上佳。著名品种鸡还包括名古屋肉鸡、萨摩鸡、军鸡（各地）等。

目前，各个畜产品产地都在积极采取多种措施培育地方品牌，在维持产品安全性、品质以及风味的同时，调整经营体制，以确保产品供应的稳定性。

#### ②确保产品的安全性

BSE 问题和禽流感等事件给日本的食肉产业造成了极大的打击。甚至连物美价廉、颇受消费者欢迎的美国产或加拿大产的牛肉也被迫停止进口，人们对于牛肉整体的安全性持怀疑态度，牛肉消费一度跌至谷底。

2004 年 12 月，日本开始施行牛肉可追溯法，要求零售店、餐饮店在销售牛肉或提供以牛肉为原料的菜肴时，必须注明牛肉的个体识别编号。此外，主动公开猪肉、鸡肉、鸡蛋、果蔬类等产品的生产履历信息，强调产品安全性的企业也越来越多。消费者可以通过企业的主页、外包装、销售场所的 POP 广告或者手机等进行确认，十分便利。

经过 BSE 问题、食物中毒事件、食品标识造假事件之后，消费者对于饮食的安全意识大幅度提升，甚至推进了相关法律的制订。我们作为食品经营的从业人员，必须基于这一事实，反复提醒自己将提供安全放心的商品作为经营的出发点。

**③食品自给率**

从事农业、畜牧业、水产业等第一产业的人口不断减少，而出于政治方面的考虑，食品进口量却逐年增加，这使食品自给率成为一个时常被提起的话题。

**图表 20** 为 2011 年日本农林水产业的食品自给率推移表。

食品自给率的计算方式分为按重量计算、按生产额计算、按卡路里（热量）计算等。不过，研究食品整体的自给率时，由于不同食品的内容和功能差异较大，本书没有采用单纯的重量计算，而使用了代表经济价值的金额标准和代表营养价值或能力的卡路里标准进行计算。

**图表20 食品自给率**

（单位：%）

| 类别 | 1995年度 | 2011年度 | 类别 | 1995年度 | 2011年度 |
|---|---|---|---|---|---|
| 蔬菜 | 85 | 79 | 海藻类 | 68 | 62 |
| 水果 | 49 | 38 | 砂糖类 | 31 | 26 |
| 柑橘 | 102 | 105 | 油脂类 | 15 | 13 |
| 苹果 | 62 | 52 | 大米 | 104 | 96 |
| 肉类（鲸鱼肉除外） | 57 | 54 | 主食 | 100 | 100 |
| 牛肉 | 39 | 40 | 小麦 | 7 | 11 |
| 猪肉 | 62 | 52 | 大麦·青稞 | 8 | 8 |
| 鸡肉 | 69 | 66 | 薯类 | 87 | 75 |
| 鸡蛋 | 96 | 95 | 甘薯 | 100 | 93 |
| 牛乳及乳制品 | 72 | 65 | 土豆 | 83 | 70 |
| 鱼虾贝类 | 57 | 52 | 豆类 | 5 | 9 |
| 食用类 | 59 | 58 | 大豆 | 2 | 7 |

根据农林水产省：2012年度食品自给率推移表制作

由于日本的饲料自给率较低，导致按热量进行计算时，整体的食品自给率也很低。日本的饲料绝大部分依靠进口，严格来说饲料的供应极少出自本国。如**图表21**所示，各项食品自给率均大幅度下降。

**图表21 食品自给率的推移**

（单位：%）

| | 1965年度 | 2012年度 |
|---|---|---|
| 食品自给率（按生产额计算） | 86 | 68 |
| 食品自给率（按热量计算） | 62 | 39 |
| 主食类谷物自给率（按重量计算） | 73 | 59 |
| 谷物自给率（含饲料，按重量计算） | 62 | 27 |
| 饲料自给率 | 55 | 26 |

根据农林水产省：2012年度《关于食品自给率》制作

考虑到全球范围的粮食问题，国外通常选择大量生产转基因农作物。对于强调确保产品安全性的日本畜牧业而言，这是不得不面对的结构性难题。

## 3. 了解食品生产的第一线<水产篇>

随着人们健康意识的增强，鱼肉的受欢迎程度也水涨船高。尤其是沙丁鱼、青花鱼等青背鱼，由于富含EPA和DHA等脂肪酸，是被媒体宣传报道的常客。那么，日本渔业和渔获量的实际情况究竟如何呢？首先来看农林水产省的调查数据。

### （1）水产业的现状

#### ①生产量（渔获量·收获量）

日本的渔业·养殖业生产量于1984年到达顶峰（1282万吨），至1995年期间急剧减少，之后呈缓慢下降的趋势（水产厅）。

**图表22**的数据显示，2009年的生产量与上年相比减少了2.9%，2010年进一步减少了2.2%。

**图表23**为主要鱼种的渔获量。该图表包含了用于加工食品和用于养殖业·渔业饲料的数量。虽然没有将所有的鱼类囊括其中，但也大致反映了经常被端上家庭餐桌的水产品种类和人工养殖量较大的品种等信息。

**图表22　渔业・养殖业生产量的推移**

（生产量：吨）

| | 2008年 | 2009年 | 与上年相比 | 2010年 | 与上年相比 |
|---|---|---|---|---|---|
| 渔业・养殖业合计 | 5592327 | 5432070 | －2.9% | 5311693 | －2.2% |
| 海洋渔业・养殖业 | 5519687 | 5349447 | －3.1% | 5232376 | －2.2% |
| 海洋渔业 | 4373337 | 4147374 | －5.2% | 4121038 | －0.6% |
| 远洋渔业 | 473845 | 442917 | －6.5% | 480074 | 8.4% |
| 海洋渔业 | 2580892 | 2411008 | －6.6% | 2355443 | －2.3% |
| 沿岸渔业 | 1318601 | 1293449 | －1.9% | 1285521 | －0.6% |
| 海水养殖业 | 1146350 | 1202072 | 4.9% | 1111338 | －7.5% |
| 淡水渔业 | 72639 | 82624 | 13.7% | 79317 | －4.0% |
| 淡水渔业 | 32627 | 41697 | 27.8% | 39914 | －4.3% |
| 淡水养殖业 | 40012 | 40927 | 2.3% | 39403 | －3.7% |

根据农林水产省：渔业・养殖业生产统计表制作

**图表 24** 为上市渔获量排名靠前的渔港一览表。近来，在销售场所专门为本地出产的蔬菜水果设置柜台的生鲜超市越来越常见，鲜鱼市场也一样，增加了本地渔港捕获的海鲜类品种。其亮点在于产品的鲜度与地方特色。不过，金枪鱼等以远洋捕捞为主的品种，以及只在特定区域捕获的鱼类则通过大型渔港向全国配送。

**图表 25** 反映了渔业经营实体数・家庭成员数・从业人员数量的变化。日本渔业的从业人数也在逐年减少。伴随着社会整体的少子高龄化现象，要面对后继无人的难题。鱼类是人们十分喜爱的食品，富含优质的动物性蛋白质和脂肪酸，营养健康，对人体有益。不过，年轻的家庭主妇在整鱼的烹制以及食用后的垃圾处理上通常感到棘手。针对这种情况思考对策，扩大水

产品的消费量，关系到渔业经营的稳定与发展。在商品产地方面，同样要意识到商品与消费者和家庭餐桌之间的关联，并采取相应的措施促使商品走向餐桌。当然，其前提条件是保证鱼类等商品的安全性。

**图表23　海洋渔业的主要鱼种渔获量（2010年）**

（单位：千吨）

| 种类 | 2009年 | 2010年 | 与上年相比 | 种类 | 2009年 | 2010年 | 与上年相比 |
|---|---|---|---|---|---|---|---|
| 海洋渔业合计 | 4147 | 4121 | －0.6% | 海水养殖业合计 | 1202 | 1111 | －7.6% |
| 鱼类合计 | 3173 | 3164 | －0.3% | 鱼类合计 | 265 | 246 | －7.2% |
| 沙丁鱼类 | 510 | 542 | 6.3% | 鰤鱼类 | 155 | 139 | －10.3% |
| 青花鱼类 | 471 | 492 | 4.5% | 红鲷鱼 | 71 | 68 | －4.2% |
| 鲣鱼类 | 294 | 331 | 12.9% | 贝类合计 | 468 | 421 | －10.0% |
| 鲑鱼・鳟鱼类 | 224 | 179 | －20.4% | 牡蛎类(带壳) | 210 | 200 | －4.8% |
| 竹荚鱼类 | 192 | 185 | －3.6% | 扇贝 | 257 | 220 | －14.4% |
| 金枪鱼类 | 207 | 208 | 0.5% | 海藻类合计 | 456 | 433 | －5.0% |
| 鳕鱼类 | 275 | 306 | 11.3% | 紫菜类(鲜重) | 343 | 329 | －4.1% |
| 秋刀鱼 | 311 | 207 | －33.4% | 裙带菜类 | 61 | 52 | －14.8% |
| 远东多线鱼 | 119 | 84 | －29.4% | 海带类 | 40 | 43 | 7.5% |
| 虾类 | 20 | 19 | －5.0% | 淡水渔业・养殖业合计 | 83 | 79 | －4.8% |
| 蟹类 | 32 | 32 | 0.0% | 淡水渔业 | 42 | 40 | －4.8% |
| 磷虾类 | 30 | 41 | 36.7% | 鲑鱼・鳟鱼类 | 25 | 24 | －4.0% |
| 贝类合计 | 401 | 407 | 1.5% | 蚬子 | 10 | 11 | 10.0% |
| 扇贝类 | 320 | 327 | 2.2% | 香鱼 | 4 | 3 | －25.0% |
| 蛤蜊类 | 32 | 27 | －15.6% | 淡水养殖业合计 | 41 | 39 | －4.9% |
| 鱿鱼类 | 296 | 267 | －9.8% | 鳗鱼 | 22 | 21 | －4.5% |
| 章鱼类 | 46 | 42 | －8.7% | 鳟鱼类 | 10 | 9 | －10.0% |
| 海藻类 | 104 | 97 | －6.7% | 香鱼 | 66 | 66 | 0.0% |
| 海带类 | 80 | 74 | －7.5% | | | | |

根据农林水产省：渔业・养殖业生产统计表制作

**图表24　各渔港的上市渔获量（前10位渔港）**

（单位：千吨）

| 渔港 | 2004年 | 2010年 | 增减率 |
|---|---|---|---|
| 烧津（静冈县） | 226 | 218 | －3.5% |
| 铫子（千叶县） | 201 | 214 | 6.5% |
| 石卷（宫城县） | 118 | 129 | 9.3% |
| 八户（青森县） | 142 | 119 | －16.2% |
| 境（鸟取县） | 110 | 118 | 7.3% |
| 钏路（北海道） | 158 | 118 | －25.3% |
| 气仙沼（宫城县） | 86 | 102 | 18.6% |
| 松浦（长崎市） | 96 | 89 | －7.3% |
| 根室（北海道） | 65 | 77 | 18.5% |
| 纹别（北海道） | 67 | 70 | 4.5% |
| 稚内（北海道） | 81 | 51 | －37.0% |
| 枕崎（鹿儿岛县） | 69 | 69 | 0.0% |

根据农林水产省：2004年·2010年产地水产品流通调查制作

**图表25　渔业经营实体数·渔业家庭成员数·渔业从业人数的推移**

| | 2003年 | 2008年 | 2012年 | 2012年与2003年对比 |
|---|---|---|---|---|
| 渔业经营实体数（经营实体） | 132420 | 115200 | 88880 | －32.9% |
| 渔业家庭成员数 | 439350 | 367460 | 265830 | －39.5% |
| 渔业从业人数 | 238370 | 221910 | 173660 | －27.1% |

根据农林水产省：2012年渔业就业动向调查报告制作

## （2）水产业近期的发展动向

### ①养殖业动向

养殖业可以进行有计划的稳定生产，承担着为国民持续稳定地提供水产品的重要作用。在2012年度日本的渔业·养殖业国内生产总数中，养殖业所占的生产量比例为23%（111万吨），生产额比例为32%（4613亿日元）。

其中，人工养殖的鳗鱼（99%）、红鲷鱼（78%）、凤尾虾

(74%) 占国内生产量的一半以上。

为了躲避波浪等来自外界的干扰，养殖业通常选择内海等相对平静的海域作为生产经营场所。不过，这些海域因饵料投喂过量，往往容易出现有机物或硫化物在海底大量堆积的现象，需要注意预防海洋环境恶化。

**②栽培渔业**

从事人工培育和饲养的渔业在促进水产资源的恢复上承载了人们极大的期望，除养殖业外，栽培渔业也发挥了巨大作用。栽培渔业是指为提高鱼种的存活率，利用人工手段将鱼卵培育为鱼苗，待鱼苗长到一定体长（5mm 至 50mm）时，再将其放归天然水域的渔业形态。

栽培对象包括凤尾虾、扇贝、鲷鱼、比目鱼等 80 多种，目前，部分鱼类品种的回收率和渔获量均有所提高，栽培渔业的探索已初见成效。这种新型渔业于 1963 年诞生于濑户内海，在宏大的构想之下，目前在全国已经发展了 16 家栽培渔业中心。2011 年的全国人工放流实际成果为比目鱼 1588 万条、红鲷鱼 1222 万条、黑鲷鱼 110 万条。

**③品牌培育**

品牌培育在水产业也正如火如荼地开展。有名的地方水产主要有下关地区的河豚、高知县的鲣鱼、明石地区的章鱼等，由于渔获量较大，一直以来作为地方特产闻名全日本。此外，大分县的“关鲭”“关鲹”等则是将美味转化为品牌的代表性产品。这些鱼类生长在大分县佐贺关与爱媛县佐田岬之间的丰予海峡，湍急的水流造就了紧实鲜美的肉质，成为全国闻名的鱼类品牌，市场价值很高。不过，在达成这一目标之前，为推广其品质和风味所付出的努力和制定的策略也不容忽视。

鱼肉尤其重视新鲜程度，要走出当地范围，进入首都圈、近畿圈等大规模消费市场，如何维持商品的鲜度是必须攻克的课题。冷冻方法、药物的使用、特殊工具、鱼类的宰杀方法等多种保鲜手段正在不断地被开发。另外，针对当前年轻人远离鱼肉的情况，还可采取在套餐中加入鱼类食品、研究新的食用方法、扩大消费需求等措施。商品产地还将面临更多的挑战，不能仅专注于水产品的捕捞，还需要在商品销售、提高消费者的接受度等方面多多思考。

## 4. 销售渠道的多样化

### （1）从食材到餐桌

过去，包括食品在内的各式各样的商品均在“鱼屋”“八百屋[①]”等被称为“××屋”的店铺内销售。现在随着生鲜超市等购物形态的盛行，同一间店铺内可以买到各种各样的食材或商

① 八百屋：蔬菜水果店。

品。这种形式被称为一站式购物。

然而，若将商品仅作为单纯的食材进行销售，那么现代化的购物形式也不过是鱼屋或八百屋的集合体而已。对于食品销售方而言，将各式食材进行合理组合，配合菜谱的内容来销售尤为重要。这就需要我们为消费者提供早餐或晚餐的灵感，或通过美食场景的再现促进相关食材的销售，完善商品种类。

为此，我们不仅要掌握顾客的生活消费趋势和商品知识，还必须积累各种各样的智慧和经验，例如什么样的美食布景经常用于食物烹饪、如何制作能使食物更加美味、食材的旺季是什么时候、搭配何种食材更加适宜等。

### (2) 流通的定义

我们身边有数量繁多的店铺，销售着各种各样的商品。商品到达消费者手中需要经历怎样的过程呢？此外，大家耳熟能详的“流通”一词究竟是什么意思，流通业或流通产业到底是什么样的业种？这些我们必须弄懂。

流通是指产品（商品、服务等）从生产者（制造商，农林、水产、畜牧生产者等）转移到消费者的所有活动。零售商直接向消费者出售产品，包括百货商店、生鲜超市、个人店铺、专卖店等形式。批发商（食品批发店、批发市场、商社等）负责从生产者手中采购产品并出售给零售商。零售商与批发商合称经销商。

简而言之，如**图表 26** 所示，产品（商品）一般按“生产者→批发商→零售商→消费者”的顺序进行流通。这就意味着，如果没有经销商的参与，产品（商品）无法被送达消费者手中。特别是经营食品等日常生活中不可或缺的生活必需品的店铺，在经济社会的正常运作中起到了至关重要的作用。

**图表26　流通的过程、产品（商品）的转移**

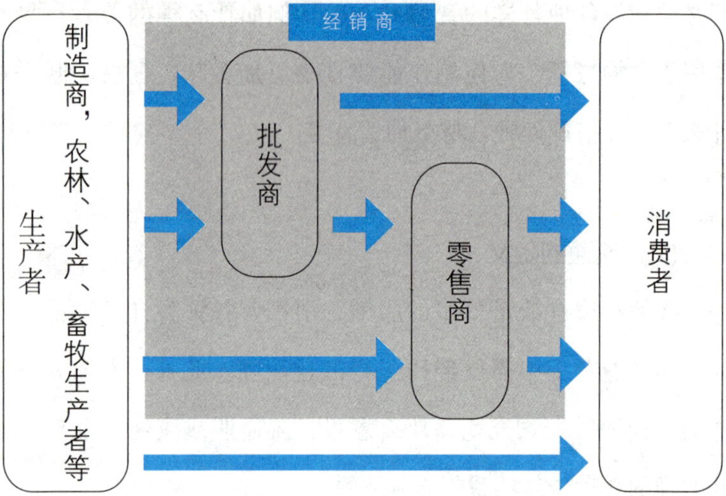


如今，购买和销售的形式越来越多样化。例如，百货商店或生鲜超市等大型店铺通过产地直送的方式，直接从生产者手中采购商品；批发商自己开设店铺进行商品零售；普通消费者借由网络的发达直接从制造商或生产者手中购买商品等。

### （3）业种与业态

#### ①业种

零售业的店铺种类林林总总，经营的商品各不相同，业种强调的是“卖什么”。即按照经营商品的类别进行划分，例如鱼屋、八百屋、电器屋等。在百货商店或生鲜超市等店铺类型问世之前，日本的大部分店铺均被冠以“××屋”的名称。

#### ②业态

业态是商品零售经营的另一种分类方式，针对消费者的需求，灵活选择销售方法、店铺运营方法等，结合顾客的生活方式配置商品，突出店铺的特征。具体来说，包括店铺选址、商品种类、价格设定、店铺面积、服务功能、员工体制、营业时间等因素。下一节将以食品经营业态为中心展开说明。

### （4）食品相关的零售业态

#### ①生鲜超市（SM）

生鲜超市是指以食品为主力，综合性经营日常生活所需商品的零售业态。昭和三十年代[①]随着“家庭主妇的店铺”等运动的兴起，店铺数量一时之间急剧增加，之后又大量破产倒闭，幸存者则朝着扩大业务部门，转为量贩店和生鲜超市专营企业这两个不同的方向发展至今。

---

① 昭和三十年代：1954年至1963年。

**②综合超市（GMS）**

综合超市是指大量销售软百（Softline：服装纺织品）和硬百（Hardline：住宅相关商品）等大众化实用品的零售业态。日本通常将综合性量贩店称为 GMS，但与综合超市相比，存在食品经营及自有品牌比例较低等根本性区别，应该归类为其他业态。

**③便利店（CVS）**

便利店（Convenience Store），是一种以提供便利为宗旨的业态。主要特点包括全年无休、长时间营业、店铺选址距离住宅区较近、商品种类集中在使用紧急程度较高的必需品等。店铺规模虽然较小，销售面积一般在 100 平方米，但经营的商品种类可以达到 3000 种以上，商品的更新换代十分频繁。便利店以连锁加盟的方式发展店铺数量，对加盟店各方面的支持已达到高度系统化。

**④药妆店（Dg. s）**

药妆店是一种在美国盛行起来的零售业态，以经营药品、化妆品等健康，与美容相关的商品为中心，搭配销售其他日用杂货的店铺。日本原来并没有药妆店，但随着健康热潮的兴起和人口高龄化的推进，20 世纪 80 年代后期，日本从美国导入了“超级药妆店”的概念。药局·药店等持续向药妆店转变，甚至在郊区或地方开设了销售面积超过 500 平方米的大型店铺，发展十分迅速。

**⑤购物中心（SC）**

购物中心是指由开发商（Developer）有计划地将零售业、食品服务业、服务业等集中于一体的商业设施。一般来说，由吸引客户能力强、规模较大的店铺=主要承租人和专卖店等一般承租人构成。日本的SC一般指城市主要车站周边的车站大楼、专卖店建筑、时装大厦、地下街道等，还包括兼具主力店、专卖店或食品服务的量贩店。近年来，还出现了模仿折扣中心的SC和奥特莱斯购物中心等新形式。

**⑥折扣中心**

折扣中心是指集中了多家折扣商店的购物中心。以多核心模式为主，一口气聚集3家以上的大型折扣商店或奥特莱斯店铺的情况较多，对顾客具有极为强大的吸引力，因此在英语中被称为“Power Center”。日本目前建成了数家大型折扣中心。

**⑦超级购物广场（Su. C）**

美国的折扣商店“沃尔玛”是一种创建于1988年的新型零售业态，以一站式购物满足消费者的日常需求为理念，集折扣商店与便利店的特征于一体。沃尔玛购物广场的卖场面积平均可达10万~20万平方英尺（9300~19000平方米）。

**⑧家居建材商店（HC）**

诞生于美国的家居建材商店起源于自己建造房屋的风潮

“DIY”（Do It Yourself），这股风潮于1945年从战场返回的年轻人中掀起。过去，建造房屋的材料、工具等只能在业种商店购买，为了满足人们的DIY需求，能够一站式购物的零售业态应运而生。

**⑨品类杀手**

品类是指跨越部类和品种的商品分类，品类杀手是指在某一个品类范围内集中大量的商品，实现极具竞争力的超低价格的零售业态。其超强的竞争力能对GMS等综合业态的同种商品造成毁灭性打击，因此被冠以“杀手”的称号。

〔上述①~⑨项均摘自《新商业用语辞典》（商业界刊）〕

**⑩100日元店**

百元店是指大部分商品的价格均在100日元左右的店铺。经营生鲜食品、日配食品的店铺也不在少数。

### （5）生鲜超市

生鲜超市是与我们所从事的工作联系最为紧密的零售业态，在此进行更加详细的说明。

生鲜超市是指以店铺所在区域的顾客为对象，以供应生鲜食品、加工食品或消耗性杂货为中心，满足顾客的日常饮食需求，采取自助购物〔顾客从货架、柜子等摆放场所自由地选取商品，放入购物车或购物篮中，运送至结账处（收银台）统一结算〕等方式销售商品的店铺。

1930年，美国出现了采取自助购物方式销售商品的店铺，被视为生鲜超市的起源。日本始于1950年前后，丰富多彩的商品种类和自由自在的购物氛围受到人们的喜爱，之后，日本的食品生鲜超市实现了飞速发展。

然而，不容否认的是，随着顾客的生活方式和短时间购物等需求的多样化，综合性零售商店、便利店、品类杀手型专卖店等新型零售业态不断涌现，生鲜超市仅凭多种类或低价格等卖点已无法继续吸引顾客。

但无论如何，与其他业态相比，生鲜超市与人们的日常饮食生活紧密相关，可以说是周边区域内顾客利用频率极高的零售业态。近来，随着顾客对食品安全关注度的提升，越来越多的店铺开始追求高品质的商品，尝试推出独具风味、满足顾客味蕾的多品种商品结构。

### （6）物流

#### ①物流的定义

商品通常按“生产者→批发商→零售商→消费者”的顺序进行流通。商品的整个实际物理移动过程被称为物流，是联结生产与销售的重要体系，包括保管、运输、包装、加工等多项活动。随着IT技术的发展，通过电脑等工具即可签订商品买卖合同，大大提高了交易效率。不过，商品的物理性移动绝不会因此消失。物流成本当然也会反映在商品的价格上，关键是做好管理工作。

在一定区域内拥有数家店铺的生鲜超市一般会建立“物流中心”，作为商品的存放地，并根据店铺的订单进行商品配送。此外，直接从制造商处采购商品的情况也较为常见。

**②满足卖场需求的物流**

商品的新鲜程度及存放空间等问题与物流息息相关。商品一旦断货，无疑会引发顾客的不满，最终导致销售额停滞不前。若为防止商品售罄而采购过量，则会使商品鲜度下降，转变为不良库存，最终造成损失。因存放空间受限而无法一次性交货时，则需要增加配送的次数，但如此一来又会增加商品的物流成本。

根据柜台和仓库的实际空间，制订能够满足顾客需求的最佳交货机制，这是我们必须解决的一大课题。

# 第 4 章

# 急剧变化的食品经营环境

作为一名企业员工，既然从事接触或接待顾客的工作，就有必要了解社会的结构或运作、趋势、流行等。法律规定或约定俗成的社会规则，工资、税金、物价等金钱方面的知识，以计算机或生物科技为代表的技术进步等信息，以及其他各方面的社会动向等，虽然不能直接用于商品销售或业务工作，但可以向商品的制造方法或销售手段等方面渗透。

本章首先从经济及家庭收支等金钱方面的内容入手。

## 1. 必须掌握的经济学基本要点

### （1）经济与家计

经济的定义是“治理国家，救济人民。经国济民。商品和服务构成人类共同生活的基础，对这些商品和服务进行生产、分配、消费的行为·过程，以及在此过程中所形成的人与人社会关系的总和。也指金钱的筹措管理”。

日常生活中我们也经常使用“经济”一词，意思是费用低廉、节约时间和精力、便宜等，相当于英语中的“economy”。例如，飞机上价格较低的座位被称为“经济舱”。经济涉及的范围可大可小，从国家到企业，关于金钱的筹措管理都可以理解为“经济”。

金钱的筹措管理具体指收入和支出之间的平衡。家庭中的金钱管理（收入和支出）则称为“家计”。家庭支出超过收入时，就会出现“家计艰难”的局面。

**（2）物价**

关于家计的管理，最普遍的思维方式是将家庭支出控制在家庭收入的范围内。对家计造成直接影响的诸多因素中，“物价”可谓是影响力极大的一环。当然，收入（工资或奖金）的增加对家计的影响也很明显，但近年来人们的收入普遍趋于稳定，增加的幅度很小，收入下降的情况反而更多。

物价是指生鲜超市等零售店所销售的商品的价格。物价下降时家庭支出自然随之减少，家庭生活也变得更加轻松。那么，判断物价高低的标准是什么呢？

物价相关指标包括消费者物价指数和企业商品价格指数两种。前者为反映一般消费者购买商品时的价格指标，后者为反映包括批发商与零售商之间的交易等在内、企业间进行面向国内市场的国内产品交易时的价格指标（过去被称为“国内批发物价指数”）。假设 2010 年度的消费者物价指数为 100，2011 年的平均指数（综合除生鲜产品之外的全国指数）为 99.8，2012 年的平均指数为 99.7，这就是整体呈逐渐下降的趋势。

通货膨胀和通货紧缩也是人们熟知的与物价相关的名词。通货膨胀（Inflation）指物价持续性上涨，通货紧缩（Deflation）

与通货膨胀相反，指物价持续性下降。那么，物价出现上涨或下降（膨胀或紧缩）的原因何在呢？

商品的价格原本由需求和供给之间的平衡所决定。假设上年 1 个苹果以 100 日元的价格出售，今年苹果大丰收，产量是去年的 1.5 倍。然而，需要苹果的消费者数量却没有发生改变，苹果生产者持有的苹果数量是上年的 1.5 倍，为了将大量的库存顺利售出，生产者无奈之下通常会选择降低苹果的价格。如此一来，市面上的苹果售价也就有所下降。反之，若苹果收成不佳，即使价格有所上涨，也能顺利卖出。

（需求<供给 → 物价下降）

（需求>供给 → 物价上涨）

除此之外，原材料费用或人工成本的增加也会反映在商品价格上，导致价格上涨。

物价因通货膨胀而持续性上涨时，以前用 100 日元可以买到的商品如今必须花费 110 日元或 120 日元。从货币的价值来看，物价上涨也意味着货币贬值，即 100 日元可以购买的商品数量减少或品质降低。

在食品方面，随着收货或生产情况的变化，商品价格经常会出现上浮或下降。另外，国外进口量的变化也会对商品价格产生较大的影响。例如，作物生长情况良好，收获量较大时，市场行情（物价）则会下降，商品的采购价格也较为低廉。日元升值时，进口商品的采购成本也随之降低。我们作为食品销售方，应积极为顾客提供此类商品，或推荐以此类商品为原料的菜谱等。相反，作物歉收导致行情上涨时，单件商品的价格上升，只能采取小份包装、切割商品减少分量等方式使消费者感受物有所值。不断付出努力，就能逐渐赢得顾客的青睐。尤其是近几年，地震等异常情况屡见不鲜。今后，生鲜食品的市场行情发生巨大变动的可能性较高，如何应对将是我们必须思考的难题。

### （3）景气度

本节主要对经济景气度进行说明。“经济景气”或“经济不景气”的说法经常出现在人们口中，那么，判断经济景气与否的依据究竟何在呢？

仅凭企业业绩良好、奖金丰厚、手头宽裕等表面现象，并不能说明经济景气。

内阁府的景气动向指数是判断经济状况的代表性参考之一。通过监测矿工业生产指数、大宗电力使用量、商业销售额（零售业）、有效招聘率等判断经济景气与否的必要指标，分别与上个月进行比较，从而对经济状况的好（正数）与坏（负数）进行综合性判断。

若正数指标与负数指标数字相同，则景气动向指数为50%，意味着经济状况较为平稳。若正数指标较多，景气动向指数超过50%，代表经济形势上升，反之则表示有所衰退。

经济状况良好的表现

·矿工业生产指数：生产指数高→产品畅销

·大宗电力使用量：电力使用量大→增产，产品畅销

·商业销售额：销售额高→需要增产

·有效招聘率：招聘率高→工作时间、天数增加，人手不足

经济景气度的好坏是对社会整体的判断。个人或家庭的状况往往各不相同。不过，令人忧心的是，媒体反复强调日本经济不景气，使人们对将来感到不安，导致经济状况良好的顾客也受到影响，消费欲望大幅度降低。我们必须准确把握本店顾客的经济状况，据此采购合适的商品或设定合理的价格。在经济较为景气时，可以尝试挑战价格较高但品质或味道更为上乘的商品。像这样，根据不同的经济状况对日常的备货品种进行适度的调整。

### （4）税金

税金是影响家计的又一项重要因素。

税金的种类很多，常见的分类方法主要有两种。第一种是按国税和地方税划分。国税是指向国家缴纳的税款，地方税是指向地方公共团体缴纳的税款，包括都道府县税和市町村税。第二种是按直接税和间接税划分。税金的承担人与纳税人相同时为直接税，不同时为间接税。

上班族在工资发放之前会预先扣除所得税或居民税①。所得税的缴纳金额由工资·奖金等收入乘以所得税率决定。虽然采用了预先扣除的方式，但税金的承担人与缴纳人相同，因此属于直接税。居民税同样也属于直接税，是一种向都道府县或市町村缴纳的地方税。

·直接税：所得税、法人税、遗产税、赠与税等

·间接税：消费税、酒税、烟草税、挥发油税、有价证券交易税等

政府施行减税政策时人们需要缴纳的税金减少，可自由支配的收入相应增加，家庭经济较为宽裕。不过，减税政策一旦

① 居民税：指日本各都道府县和市町村对各自所管辖的个人和法人征收的一种地方税。

取消，其影响力不亚于增税政策，人们的消费欲望将大幅度降低，商品出现滞销。

消费税是指在零售店等店铺购买商品时，根据消费金额缴纳的相应税款。若消费税率上涨，购买商品时需要支付的金额也随之增加，给消费者造成物价上涨的印象。日本政府规定从2004年4月开始商品必须标注含税总价格，令顾客产生物价上涨的感受，导致不少店铺短期内的销售额大幅度下降。对于零售店而言，其影响不容忽视。

## 2. IT引发的技术与销售革新

随着IT（Information Technology：目前信息技术）的进步，人们生活环境与生活方式发生了翻天覆地的变化。计算机与智能手机等工具的普及给人们的生活带来了极大的便利，例如足不出户就可以利用互联网预订机票或购买演唱会门票、查询存款账户的余额等。包括生鲜超市等零售业在内，大部分产业均已灵活运用信息技术，推进业务改革。接下来，笔者将介绍几种代表性案例。

### （1）POS（Point of Sale）系统

POS系统的具体运作方式为在结算商品价格时用收银机扫

描商品条码，条码信息随即录入·存储在计算机中，最终形成各类商品销售信息。生鲜超市最初主要将其用于商品价格的计算，把握精肉或蔬果等部门的销售额。如今，大部分店铺均导入了 POS（销售时点信息管理）系统，商家可瞬间读取商品的销售时间、品种、价格、数量等数据，并灵活应用在促进商品销售（购买）或订购等活动中。最近，部分店铺甚至还配置了顾客自行操作的无人 POS 收银台。

### （2）JAN 编码（Japanese Article Number）

JAN 编码的普及是 POS 系统导入扩大化的重要原因之一。JAN 编码是指大多数商品包装上附有的由黑白条纹组成的条形码及其下方的 13 位或 8 位数字。13 位数字为标准码，其中，前 2 位数字指代国别，之后的 5 位数字表示制造厂商代码，接下来的 5 位表示商品代码，最后 1 位数字为校验码（检验读取错误）（参阅**图表 27**。）

JAN 编码采用全世界 100 多个国家共同使用的统一规格，国际上被称为 EAN（European Article Number）编码。美国或加拿大的 UPC（Universal Product Code）也可通用。

### （3）EOS（Electronic Ordering System）

EOS 是“电子订货系统”的英语缩写，具体是指利用通信

**图表27 条形码的种类**

网络将店铺内的订货终端与总部或物流中心的计算机链接，发送订货数据即可自动完成订货环节的结构体系。

各店铺负责人通过订货终端机对卖场价签上附着的条形码（JAN 编码）进行扫描，继而发送数据。EOS 具有提高订货准确性和作业效率等巨大优势，与 POS 系统联动可发挥重要作用。

过去，商品订货需要在销售场所一张张翻阅订货总账，决定订货数量，再利用电话或传真等与总部或直接与供应商联系。现在，零售商与供应商之间的相互合作进一步强化，各类系统不断推陈出新，例如基于 POS 数据判断需要订货时，可直接将数据发送给供应商实现订货的系统等。

## （4）网络销售

互联网的普及促使零售业也开始通过网页进行网络销售。总务省 2010 年的调查显示，互联网的普及率达到了 93.8%（调查范围为45120个家庭，有效回答22271个），已融入大部分家庭中。虽然无法亲眼确认商品的弊端也使部分顾客对网络销售望而却步，不过，选择在中元节或年末利用网络销售，提高特定商品销量的百货商店或大型生鲜超市等实体店越来越多。支付方法也有更多的选择，如通过邮局支付、银行汇款或信用卡支付等。采取在网页上刊载部分宣传册同款商品来提高销售额的店铺也较为常见，商品的促销方式在逐渐发生改变。

## 3. 食品经营者必须了解的法律知识

我们的日常生活或食品经营业务的开展都离不开各种各样的法律。正因为有法律的保障，人们的生活才得以安心、放心，我们才能持之以恒地赢得顾客的信赖。本节主要对以下几个方面的法律法规进行梳理。

### （1）店铺与销售场所相关的法律

#### ①食品卫生法

《食品卫生法》的目的在于“防止出现饮食导致的卫生方面的危害，并帮助改善和提高公共卫生”。该法律的适用对象为“所有的饮料和食品”，除了食品标识的相关内容之外，还规定了包括添加剂在内的销售食品处理原则（清洁且卫生）。

另外，用于食品经营的器具或容器包装等也必须遵循同样的原则。简言之，禁止销售有害食品，违反清洁卫生原则将被处以停业等严厉处罚。

**②JAS 法**

JAS 法的正式名称为《关于农林物资标准化及品质标识正确化的法律》。JAS 为 Japanese Agricultural Standard 的缩写，意为“日本农林标准”。在将外国产的食品标注为日本国产食品的标识造假事件相继发生后，消费者对于食品安全问题的关注度不断提高，JAS 法也于 1999 年、2005 年、2009 年先后被修订。

JAS 法具体包括两种制度，分别为“JAS 标准制度”和“品质标识标准制度”，目的在于“为消费者选择商品提供标准化信息”(参阅第 5 章第 3 节的内容)。

**③健康增进法（营养改善法于 2002 年 8 月废止)**

营养改善法是在战后营养不良的情况普遍存在的时期内，为维持并促进国民健康及身体素质，采取措施改善国民的营养而颁布的法律（1952 年)。之后，人们的饮食生活日渐丰富，饮食习惯逐渐西化，由此引发生活习惯病不断增加，成为不容忽视的社会问题。营养改善法完成了自身的使命，社会环境已经发生改变，在此背景下，日本政府于 2002 年 8 月新公布了《健康增进法》，并从 2003 年 5 月开始施行。

针对生活习惯病，法律允许部分食品标注“适宜高血压人群食用”或“适宜高胆固醇人群食用”等食用效果，这类食品属于特定保健食品。消费者对健康养生关注度的不断提高大大拉动了保健品市场的需求。健康增进法则是其法律依据（直接引用已废止的营养改善法中的特别用途标识等条款）。

**④赠品标识法**

赠品标识法的正式名称为《反不当赠品和不当标识法》，由消费者厅管辖。作为垄断禁止法的补充法律而制订。

发放广告传单或提供赠品等作为商品促销的重要手段十分盛行。不过，若出现赠品过量、虚假广告、过度宣传等情形，不仅会影响顾客的购买动机或商品选择，还会妨碍零售商之间的公平竞争，甚至导致商品的品质下降，给顾客造成损失。

为防止这种情况的发生，赠品标识法对赠品的提供与商品的标识设置了一定的限制。

［不当标识示例］

1. 优良误导　声称商品品质或规格等内容极其优良（优质）的标识

例①　将国产和牛标注为“松阪牛”

例②　将冷冻金枪鱼刺身标注为“新鲜金枪鱼”

例③　将非有机栽培的普通蔬菜标注为“有机栽培”

2. 优惠误导　声称商品价格或交易条件比明显实际情况有

利（优惠）的标识

例①　在商品上标注“本店原价19800日元”，但该商品为往常并未销售的新采购商品且实际未达成19800日元的销售业绩

例②　在商品上标注“2折巨惠”，但该商品为掉落的带伤苹果，实际价格其实与品质相当

例③　在冷冻食品柜台标注“全场半价”，但半价商品其实仅有一半

**⑤个人信息保护法**

随着IT技术的进步·发展，各企业纷纷通过建立数据库来采集顾客信息，并用于各种各样的目的。将计算机接入互联网之后，信息的采集虽然变得轻而易举，但信息泄露事故也频频发生。《个人信息保护法》正是在此背景下制定的。

以生鲜超市为例，采取发放会员卡等多种方式，尽可能增加本店的优质顾客，如购买频率高的顾客等，可以有效提高营业额，确保店铺利润。在发放会员卡时，需要顾客提供姓名、地址、电话号码、年龄、家庭结构等个人信息。

个人信息保护法要求企业必须严格履行以下义务，否则将受到严肃处罚。

·采集个人信息时，必须明确告知·公开使用目的。

·用于其他目的时，必须获得本人的同意。

·未经本人同意，不得向第三方提供信息。

·若本人提出要求，必须公开相关信息。

·公开的个人信息与实际不符时，必须进行订正或删除。

·顾客对个人信息的处理提出不满或意见时，必须合理·迅速地予以应对。

## (2) 顾客权益相关法律

食品安全问题是食品销售的关键。我们销售的商品可能导致顾客出现腹泻、呕吐、发热等症状。除了商品本身，我们还有必要了解顾客在日常生活中可能遭遇的风险及其相关知识，例如因服务态度引发的纠纷，被称为“恶劣商业行为”的商品销售方法，以及产品责任相关问题等。

### ①购买商品的含义

我们每天从生鲜超市等各类店铺中购买各式各样的商品。严格来说，购买商品的行为意味着买卖合同的缔结与交易的成立。说到合同人们通常会联想到书面合同，但在日常的购物活动中我们并不会逐一签订书面合同。合同也可采用口头约定的形式。顾客在销售柜台对商品进行确认，感到满意时，只需要表达“请给我这件商品”的意思即可。

合同一旦成立，当事人（买方与卖方）之间将自然产生权利和义务关系，若使用现金购买商品，则双方当场履行权利和义务。

不过，由于在生鲜食品超市采用电子货币或智能手机进行支付的情况越来越常见，结算时发生纠纷的可能性也随之增加。另外，由于邮购等商品购买方式或信用卡分期支付等支付方式，造成买卖双方无法履行权利义务（违反合同）的案例也时有发生。

**②冷却期制度**

冷却期制度是指在买卖合同成立之后，消费者冷静思考后觉得商品“不需要”或“价格过高承担不起”时，可以单方面解除合同的制度。消费者只需告知卖家即可，与卖方的意愿无关，是一种维护消费者权益的制度。

不过，其适用对象为法律规定的商品或服务，应达到一定金额，且具有一定的时间限制。

冷却时期与适用商品如**图表28**所示。

**图表28　冷却期制度的概要**

| 内容 | 期限 | 适用对象 |
|---|---|---|
| 上门推销 | 法定合同书交付之日起的8日内 | 所有的商品、权利、服务（不满3000日元的现金交易除外） |
| 电话推销 | 法定合同书交付之日起的8日内 | 所有的商品、权利、服务（不满3000日元的现金交易除外） |
| 特定的持续性服务 | 法定合同书交付之日起的8日内 | 美容・外语培训・学习班・婚介所等 |
| 信用（贷款）合同※ | 冷却期制度告知之日起的8日内 | 店铺外指定商品相关交易的分期支付 |
| 多层直销 | 法定合同书交付之日起的20日内 | 所有的商品、权利、服务 |
| 现货假冒交易 | 法定合同书交付之日起的14日内 | 指定商品、指定设施使用权 |

※指个别信用（贷款）合同

对消费者而言，冷却期制度主要有以下几项值得庆幸的作用。

a. 收到顾客的告知后，卖方必须立即将消费者支付的交易相关钱款予以全额退还。

b. 消费者已经领受商品时，有义务将其退还给卖方。

c. 退还商品所需的费用由卖方承担。

d. 服务类交易也一样，在卖方已经向消费者提供服务的情况下，消费者依然享有这项权利。

**图表29 形式多样的恶劣商业行为**

| 名称 | 内容 | 主要商品 |
|---|---|---|
| 多层直销 | 将消费者拉入销售组织作为其一员，通过向下一级发展销售人员获取利益。多层传销。实际上，由于参加费或其他费用负担，大部分人根本无法获得利益 | 保健食品、女性内衣、净水器、化妆品类 |
| 现货假冒交易 | 消费者购买商品后并未拿到商品，由商家继续对商品进行保管，商家再次将其转卖给其他消费者获取利益。<br>销售者实际购买的商品并未送达消费者手中，商家将并不为自己所有的商品转卖给其他人，给消费者造成损失 | 盆栽、盆栽花草、其他观赏性植物、宝石、次宝石、珍珠及贵重金属（金、银、白金及其合成金属） |
| 强行寄送 | 强行寄送顾客并未订购的商品，在顾客误会或者嫌麻烦的情况下，伺机让顾客支付相应的钱款 | 杂志、报纸、光盘 |
| 催眠式推销 | 通过寄送书信、广告或街头分发的方式向顾客发放免费商品兑换券等，将顾客引诱至销售会场，利用花言巧语让顾客陷入近似催眠的状态后向顾客销售商品。典型手段是通过制造狂热的现场氛围，最终以高昂的价格出售商品 | 被褥类、磁疗床垫、家用电疗设备 |

③PL（Product Liability）法

假设消费者在生鲜超市的水产柜台购买了牡蛎，食用后连续 3 天出现腹泻症状；或在配菜柜台购买了饭团，食用时因饭团内混入小石子导致牙齿掉落，发生此类情形时，应该由谁负责损害赔偿呢?

PL 法的全称为《产品赔偿责任法》，根据该法的规定，因产品缺陷而使消费者蒙受损失时，消费者可越过零售店等产品销售者，直接向产品生产者追究损害赔偿责任。大家对于该法的适用对象还停留在电视机或空调等电器产品上，其实食品也在其适用范围之内。由于食品中混入异物、腐败、变质等，造成意外或食物中毒等威胁到消费者生命安全的事故可谓屡屡发生。

PL 法虽然将零售商及服务供应商从责任主体中免除，但并不表示这些行业与 PL 法毫无关联。随着 PL 法的施行，消费者对于产品事故的索赔意识越来越强，基于民法的规定，零售业或服务行业也可能成为消费者的起诉对象。特别是对生鲜超市来说，若因疏于卫生管理或销售过期产品而引发事故，则不仅仅是生产者的责任。

产品生产者也在积极采取措施防患于未然，例如在电器产品的使用说明书上增加“危险”“警告”“注意”等提示词，指导消费者正确使用商品，利用危险标识等防止事故的发生。

※PL 事故示例与损害赔偿金额

a. 加工食品中的肉毒杆菌导致食物中毒

……………… 受害者46人，赔偿金额12亿7500万日元

b. 使用含有小麦成分的肥皂后，出现小麦过敏症状

……………… 受害者84人，赔偿金额1亿6000万日元

c. 空调室内机着火导致建筑物及家财全部烧毁

…………………………………………………… 3374万日元

d. 电线施工有所疏漏，施工结束后行人被电线绊倒而受重伤

…………………………………………………… 1000万日元

### (3) 食品销售相关法律

本节主要对《容器包装回收法》和《食品回收法》进行简单介绍。

#### ①容器包装回收法

为了减少容器包装废弃物的排放和回收，日本于1997年4月正式开始实施《容器包装回收法》。该法的关键在于让容器包装的使用者、生产者、销售者均能各司其职，形成高效实用的回收体系。2008年4月，日本政府对容器包装回收法进行了修订。

涉及的对象主要包括：

a. 使用容器包装的产品制造者

食品、饮料、酒类、肥皂、涂料、医药用品、化妆品等制造商。

b. 容器制造者

玻璃瓶、聚乙烯塑料瓶、纸箱、塑料袋等制造商。

c. 零售·批发商

销售商品时使用容器或包装的零售·批发商。

**②食品回收法**

随着消费者食品安全意识的不断提高，人们对食品新鲜程度的需求越来越大，生产·流通环节往往出现大量的废弃食品。另外，消费环节产生的食品剩余也屡见不鲜，大量的食品资源被白白浪费。食品废弃物对环境的影响很大，日本的大部分食品均依靠农产品的进口，就这一点而言，大量废弃食品本身就是一个值得反思的问题。

在此背景下，为了抑制食品废弃物的产生，促进食品资源的有效利用，减轻环境负担，构建循环型（Recycle）社会，《食品回收法》应时而生。

食品废弃物是指食品制造或烹饪过程中产生的动植物性残

留、食品流通环节或消费阶段产生的剩余等。按照食品回收法的规定，可有效用于肥料、饲料等生产制造的食品废弃物被称为“食品循环资源”。

食品相关从业者是指食品制造商等食品的制造·加工从业者，百货商店、生鲜超市、便利店、蔬菜店等食品的批发·零售从业者，饭馆、餐厅、宾馆·旅店、婚礼会场、内陆·沿海客船等餐饮店，以及提供餐饮服务的相关从业人员。

食品回收法尝试通过抑制食品废弃物产生的“抑制产生”、将食品废弃物的有用部分进行资源化的“再生利用”，以及减少食品废弃物排放量的“减少数量”等手段，要求从业者们合理选择以上措施，利用单种或多种方式结合来达到减少排放、促进回收的目的。

如上所述，作为食品经营、销售的从业人员，我们必须充分认识到所售商品的鲜度、剩货的处理，甚至销售时所用的容器包装，都会对环境产生巨大的影响。

为了减少食品废弃物的产生，首先必须将商品逐一售罄。并且，为了使所售商品能在各个家庭中充分发挥自身价值，可向消费者介绍商品不同的食用方法和多种烹饪方式。售出商品并不表示大功告成，关键是要长期坚持“既确保顾客享用安全健康的美食，又考虑到垃圾的处理”这一销售理念。

# 第5章

# 销售场所的卫生·安全管理

卫生与食品安全性管理对生鲜超市而言，是从事食品经营基本中的基本。

维持日常的卫生安全水准是生鲜超市的最低要求，为此我们必须掌握正确的知识。

## 1. 再次确认清洁度的基本

### (1) 清洁度的定义

对清洁度的认识是做好销售场所卫生管理、安全管理的关键。清洁度不仅指销售场所或商品的清洁程度（Cleanness），还意味着店铺各方面的运营均维持在较高的清洁水准。

商品的卫生管理自不必说，销售场所的器具或备件，以及店铺的内外装饰也必须擦洗干净。店铺的设计要从便于清扫、不易脏污的角度考虑，并在清扫工具等方面开动脑筋，必要时进行新产品的开发。另外，还要制订详细的计划，确保清扫作业顺利开展，形成标准化、体系化的作业流程，并按照流程开展教育培训。除了销售场所外，仓库也必须确保清洁。

另外，虽然取消员工的统一制服、允许穿着私人服装的企业、店铺或部门越来越多，但不管怎么说，关键是要保持与食品销售从业人员身份相符的仪容。

如上所述，销售场所、仓库、商品、员工、店铺的内外装饰等店铺运营的各方都必须采取有效措施维持清洁度，否则容易引发重大事故或食品安全事件。

### （2）向顾客提建议

作为食品销售者，我们理应随时保持销售场所的清洁。例如清理陈列架上的灰尘，清除熟食或配菜柜台的油污，消除鲜鱼柜台的异味等。日常管理的懈怠是导致食物中毒的原因之一。重点是要对照清单定期进行检查。

另外，为了避免顾客在购买商品时或购买后出现食物中毒的情况，我们应掌握相关的知识，向顾客提出合理建议，例如食品正确的保存方法、烹饪方法或菜谱等。

①建议顾客在购买食品时，确认食品的新鲜程度或赏味（消费）期限[①]标识，尽量选择新鲜的商品。购买商品后，提醒顾客避免将生鲜食品长时间放置在汽车后备箱等高温场所。

②保存食品时，冰箱内的空间不宜塞得过满，建议顾客使用塑料袋等分开放置，避免鱼或肉等食品的肉汁附着在其他食品上。

---

① 赏味期限是在按指定方法保存，在不开封的情况下，确保能够维持食品风味和品质的时间期限。为了确保食品的安全性，通常会将赏味期限设定为实际保质期限的 8 成到 9 成。

③烹制食物时，向顾客强调砧板杀菌的重要性，避免将生鲜食品长时间放置在常温环境下。另外，还需提醒顾客对食品进行充分加热，烹制完成后也不可长时间放置。

④开封后的食材或菜肴容易出现剩余，可向顾客介绍剩余食品的正确保存方法，或推荐可一次性用完所有食材的菜谱。

⑤主动通过 POP 广告牌等向顾客提供商品能否冷冻、最佳食用时间等顾客关心的信息。

## 2. 杜绝食物中毒的措施

食物中毒一般指“食品或饮料中附着食物中毒细菌或包含有害、有毒的化学物质，或因食品容器包装等而使有害·有毒物质混入食品中，导致患者食用后出现以肠胃炎为主的健康问题”(摘自千叶县市原健康福祉中心〔市原保健站〕)。

这里的健康问题主要包括腹痛、发热、腹泻等。

食物中毒的多发期主要为 6~10 月，其中，毒蘑菇引发的食物中毒集中在 9~10 月，河豚导致的食物中毒则大多发生在冬季。另外，即使在温度较低的冬季，发生在温暖室内的食物中毒事故也越来越多。

### （1）食物中毒的原因

食物中毒的原因主要分为以下几种。

·细菌性→感染型：人体摄取受到细菌感染的食品后，在体内不断增殖病原性细菌引发食物中毒

→病毒型：食品内的细菌产生毒素，人体摄取后引发食物中毒

·病毒性（诺如病毒等）

·天然毒素

·化学物质

·其他

（细菌性与病毒性食物中毒也可统称为微生物性食物中毒）

### （2）食物中毒的种类、特征及需要注意的部门

细菌性食物中毒占食物中毒的大多数，可分为感染型与病毒型两种。

以下图表为生鲜超市各部分特别需要注意的食物中毒细菌的种类、感染途径、特征、症状以及预防措施。

各部门在加工、烹饪、商品保管、陈列作业、试吃销售等环节应时刻警惕。

## 图表30　食物中毒的种类与需要注意的部门

| 部门 | 感染型 | 病素 |
|---|---|---|
| 果蔬 | O–157 | 金黄色葡萄球菌、肉毒杆菌 |
| 鲜鱼 | O–157、副溶血性弧菌 | 金黄色葡萄球菌、肉毒杆菌 |
| 精肉 | O–157、沙门氏菌 | 金黄色葡萄球菌、肉毒杆菌 |
| 配菜 | O–157、沙门氏菌 | 金黄色葡萄球菌、肉毒杆菌 |
| 日配食品 | 沙门氏菌 | 金黄色葡萄球菌、肉毒杆菌 |
| 杂货类食品 | | 金黄色葡萄球菌、肉毒杆菌 |

## 图表31　食物中毒的感染途径、特征、症状、预防（感染型）

| | 病原性大肠杆菌（O–157） | 沙门氏菌 | 副溶血性弧菌 |
|---|---|---|---|
| 感染途径 | 致病大肠杆菌之一。存在于牛等动物大肠内，进入人体后产生维洛毒素，引发出血性大肠炎。<br>抵抗力较弱的儿童或老人还可能导致肾脏损伤，引发溶血性尿毒症综合征 | 畜肉、禽肉、蛋类、老鼠粪便、苍蝇、蟑螂等。食用被沙门氏菌感染且未经加热的食物后引发中毒症状。<br>由鸡蛋类料理（包括含鸡蛋的点心）引发的情况较多 | 广泛存在于日本周围的海域等，生食被该细菌感染的鱼虾贝类可能引发食物中毒。<br>未被污染的鱼虾贝类也有可能因砧板、抹布、容器、食器等烹饪器具上附着的细菌而造成二次感染，引发食物中毒 |
| 特征 | 不同于其他食物中毒细菌，数量极少时便可引发感染。虽然耐热性较差，但在冰箱冷藏柜的温度下仍可繁殖，可在人与人之间感染 | 不耐热，耐低温、干燥 | 喜爱海水环境，不耐热，不适应淡水环境。超过15℃即可繁殖，繁殖速度极快 |
| 症状 | 细菌进入人体后经过1～10天的潜伏期，出现剧烈腹痛、腹泻、便血等症状 | 6～72小时出现恶心、水样腹泻等症状。多伴有呕吐、发热等 | 进入人体后，在数小时至24小时内出现剧烈腹痛、水样腹泻、发热、呕吐等症状 |
| 预防 | 尤其要注意肉类刺身、生肝脏等食品。<br>其他食材，尤其是鱼和肉，也应充分加热后食用。中心温度达到75℃时持续加热1分钟为宜。<br>烹饪器具也可用热水消毒，十分有效 | 耐热性差，关键在于对食材充分进行加热。灭鼠、加热、冷却等措施也很重要。<br>处理附着有鸡粪便的鸡蛋时要小心，注意不要放置在其他食材旁边 | 鱼虾贝类尽可能加热烹制，将食材保存在冷柜的低温部位，避免冷柜的频繁开合。<br>用淡水仔细清洗鱼虾贝类和手部，注意烹饪器具的清洁和消毒 |

图表32 食物中毒的感染途径、特征、症状、预防（病毒型）

| | 金黄色葡萄球菌 | 肉毒杆菌 |
|---|---|---|
| 感染途径 | 割伤、痤疮、鼻咽喉、咽喉、抹布、头发、灰尘等均可引发感染。<br>进入人体后产生肠毒素，引发食物中毒。<br>也就是说，即使不存在细菌，在卫生状况较差的情况下，食物内的细菌也可产生毒素，人体摄入后引发食物中毒 | 火腿、蔬菜、瓶装水果、罐头、发酵寿司、发酵食品、香肠类食品、瓶装、罐装、袋装食品、咸鱼、贝类等。<br>广泛分布于土壤中，沼泽、湖泊、泥土中也可生存。<br>不会在人体内增殖，但其产生的毒素可引发食物中毒 |
| 特征 | 肠毒素耐热、耐干燥，该细菌在食盐浓度较高的食品中仍能繁殖 | 该菌属于喜爱真空环境的厌氧菌之一，形成结构特殊的孢子，加热煮沸也很难杀死。<br>发育及自我分解时产生强烈的毒素，少量即可致死，致死率极高 |
| 症状 | 食用后，数小时内出现伴随恶心、呕吐的腹痛 · 腹泻症状 | 摄入后12～24小时内，出现恶心、呕吐、头痛、疲倦、头晕、视力障碍等症状。<br>若治疗不及时，可能引发呼吸障碍导致死亡。虽然由此引发的食物中毒事件较少，但中毒者的死亡率高达半数 |
| 预防 | 手指等部位受伤时禁止进行食品相关作业。重点在于佩戴帽子、口罩，将商品置于低温环境下保存，保持环境清洁、食物处理迅速 | 该细菌本身不会在人体内增殖。<br>清洗，杀菌，不可使用新鲜度差的食材，禁止使用胀气的罐头等 |

### （3）食物中毒的预防

预防食物中毒的关键在于防止致病微生物（病原菌）的增殖，这要求我们牢牢把控水分、温度、营养素、氧气等要素，避免为微生物的增殖创造条件。

预防食物中毒必须遵守三大原则，即避免细菌附着（清洁、洗净）、避免细菌增加（迅速、冷却）、清除细菌（加热、杀菌）。

图表33 预防食物中毒的3大原则

| 原则 | 避免细菌附着（清洁、洗净） | 避免细菌增加（迅速、冷却） | 清除细菌（加热、杀菌） |
|---|---|---|---|
| 内容 | 鱼、肉、蔬菜等食材上附着的食物中毒细菌通过手指或烹饪器具污染其他食品，导致食物中毒。<br>必须对手指或器具类进行清洗·消毒，对食品进行分区管理，按用途区分使用烹饪器具 | 食品被食物中毒细菌污染后，若能控制其增长的数量，也可有效避免食物中毒。<br>食物中毒细菌随着时间的流逝会逐渐增加，需尽快烹饪。尤其是配菜类，需建议顾客在烹饪后尽快食用。<br>细菌通常很难在10℃以下的环境增殖，不能将食品长时间放置在常温下，应尽快放入冰箱内保存 | 一般来说，食物中毒细菌的耐热性较差，即使被细菌污染，通过加热也能杀菌。<br>加热是最有效的杀菌方法，但实际上因加热不充分导致食物中毒的案例颇为常见，这一点需要注意。<br>烹饪器具洗净后，应用热水或氯剂进行消毒 |
| 各部门应遵循的原则 | | | |
| 果蔬 | ○ | ○ | △ |
| 鲜鱼 | ○ | ○ | ○ |
| 精肉 | ○ | ○ | ○ |
| 配菜 | ○ | ○ | ○ |
| 日配食品 | △ | ○ | △ |
| 杂货类食品 | △ | ○ | △ |

○：重要度较高，△：重要度较低

## （4）食品的腐败与保存

### ①食品的腐败

食品经过长时间放置后，会产生变色、干燥、变形、散发异味等变化。

这些变化主要来自微生物的作用。

微生物的作用所导致的食品变化具体如下。

图表34　食品的变化

| 变化 | 内容 |
|---|---|
| 腐败 | 主要是指在有机物，尤其是细菌（霉菌）的分解作用下，食品产生有毒物质，释放恶臭的变化。简言之，指食品被分解为无法食用的状态 |
| 变质 | 指食品在长时间放置下，出现变色、干燥、变形、异味等内容或外观上的变化 |
| 酸败 | 指食品的颜色或味道变差，出现恶臭，附带黏性，油脂劣化的现象 |
| 发酵 | 发酵是指酵母菌或细菌为获取能量而分解有机物，产生酒精、有机酸类、二氧化碳等物质的过程，最终生成其他物质的现象。酒、味噌、酱油、奶酪等食品的制造均属于发酵技术的实际应用。<br>*代表性的发酵食品<br>·酵母——啤酒、红酒、日本酒、面包<br>·霉菌——鲣鱼节、奶酪<br>·细菌——纳豆、酸奶 |

### ②食品的保存

食品的保存具体指如何抑制食品的腐败或变质等。

人们在生活中不断传承先人的保存方法。同时，随着科技的进步和商品流通的进化，各种各样的食品保存技术也相继问世。

图表35　食品的保存方法

| 方法 | 内容 |
|---|---|
| 低温法 | 有害微生物在低温环境下的活跃度较低，利用这一点使用冷藏或冷冻的方式进行保存的方法。尤其在-18℃的冷冻环境下，微生物的活动基本停止 |
| 干燥法 | 微生物的活动需要水分，通过去除食品中的水分使微生物活动停止的保存方法。例如，干货、鱼虾贝类的干货、海带、鲣鱼节等 |
| 盐腌法 | 通过盐腌使食品脱水，抑制细菌的繁殖、延缓腐败速度的方法。除了盐之外，还可以使用砂糖、醋、酒糟、味噌等进行腌制。例如盐腌鲑鱼、腌咸食品、甜纳豆等 |
| 烟熏法 | 通过烟熏预防食品腐败，抑制微生物的活动来保存食品的方法。例如，萨拉米香肠、烟熏鲑鱼、熏制奶酪、熏肉 |
| 阻隔空气法 | 利用瓶装或罐装，阻隔空气保存食品的方法 |
| 食品添加剂 | 在食品中添加保存剂或防腐剂等延长食品保质期的方法 |
| 其他 | 例如，杯面、咖喱酱、无菌包装米饭等以长期保存为目的而开发的商品 |

### (5) 赏味期限、消费期限、销售期

食品的期限标识分为赏味期限和消费期限等。

根据农林水产省加工食品品质标准的规定，赏味期限是指“在按指定方法保存的情况下，确保能够维持食品完整风味和品质的时间期限”。

消费期限是指“在按指定方法保存的情况下，确保食品不会发生腐败、变质或其他品质下降问题，保证食品安全性的时间期限”。

店铺一般以赏味期限为依据分别设置不同商品的销售期，对商品进行管理。

**图表36**以某一生鲜超市为例，标注了主要食品部门的主要商品的销售期和赏味期限。

D代表商品的制造日、加工日。

例如，D+0表示商品的销售期为当天，以当天售完为目标。

此外还须把握好食品制造日与交货日之间的关系。

前一天经过切片加工的薄切肉片包装商品决不能按今天的日期来定价。必须在仔细确认1天的工作程序后进行准确的标注。

在销售管理过程中设置商品的销售期，虽然并未向顾客直接提出建议，但在确保商品的安全性或鲜度，让顾客能够放心购物方面，销售方可谓责无旁贷。

总之，从商品的收货或制造到店铺进货的每一个环节都不

能掉以轻心，尤其对生鲜食品而言，练就鉴别商品鲜度的“行家眼光”至关重要。

**图表36　销售期与赏味期限**

| 部门 | 分类　商品名称 | 销售期 | 赏味期限 |
|---|---|---|---|
| 鲜鱼 | 刺身拼盘 | D+0 | D+0 |
| | 鱼肉柜台的寿司 | D+0 | D+0 |
| | 金枪鱼类 | D+1 | D+1 |
| | 鰤鱼类 | D+0 | D+1 |
| | 用于生食的虾・蟹 | D+0 | D+1 |
| | 活鱼类 | D+0 | D+1 |
| | 活贝类 | D+0 | D+1 |
| | 冷冻虾类 | D+15 | D+20 |
| | 明太子・鳕鱼子 | D+5 | D+6 |
| | 鱼干 | D+2 | D+4 |
| | 沙丁鱼干 | D+2 | D+3 |
| 精肉 | 国产牛肉 | D+4 | D+5 |
| | 进口牛肉 | D+3 | D+4 |
| | 猪肉 | D+3 | D+4 |
| | 鸡肉 | D+3 | D+4 |
| | 肉馅 | D+2 | D+2 |
| | 加工火腿香肠（店内） | D+3 | D+3 |
| 果蔬 | 带叶蔬菜 | D+0 | D+1 |
| | 鲜切葱段 | D+2 | D+3 |
| | 鲜切沙拉 | D+1 | D+2 |
| | 鲜切水果 | D+0 | D+2 |
| | 草莓 | D+0 | D+1 |
| | 豆芽 | D+0 | D+2 |

| 部门 | 分类　商品名称 | 销售期 | 赏味期限 |
|---|---|---|---|
| 熟食配菜 | 新鲜凉拌蔬菜 | D+0 | D+0 |
| | 三明治 | D+0 | D+0 |
| | 便当 | D+0 | D+0 |
| | 寿司 | D+0 | D+0 |
| | 油炸食品 | D+0 | D+0 |
| | 和式配菜 | 夏D+0冬D+1 | 夏D+0冬D+1 |
| 西式日配食品 | 低温杀菌牛乳 | D+4 | D+5 |
| | 牛乳・低脂牛乳 | D+6 | D+7 |
| | 固态酸奶 | D+10 | D+20 |
| | 果冻 | D+10 | D+20 |
| | 豆乳 | D+50 | D+89 |
| | 果汁饮料・蔬菜汁 | D+60 | D+120 |
| | 新鲜蛋糕（需冷藏） | D+2 | D+3 |
| 面包 | 枕头面包 | 夏D+2冬D+3 | 夏D+3冬D+4 |
| | 点心面包 | 夏D+2冬D+2 | 夏D+3冬D+3 |
| | 配菜面包 | D+1 | D+2 |
| | 蒸面包 | D+1 | D+2 |
| | 西式点心（瑞士卷） | 夏D+3冬D+4 | 夏D+4冬D+5 |
| | 和式点心（米粉丸子） | D+1 | D+2 |
| 和式日配食品 | 腌菜 | D+2 | D+3 |
| | 甜烹海味 | D+10 | D+15 |
| | 豆腐 | D+2 | D+3 |
| | 蒟蒻 | D+30 | D+60 |
| | 煮面条 | D+3 | D+4 |
| | 竹轮 | D+3 | D+4 |
| | 炸鱼肉饼 | D+3 | D+4 |
| | 饺子、烧麦 | D+3 | D+4 |
| | 纳豆 | 夏D+5冬D+6 | 夏D+6冬D+7 |

## 3. 正确的商品标识能赢得消费者的信任（可追溯体系的建设）

正确标注产地、商标，提供准确的商品信息，是衡量消费者对店铺“信任度”的不可或缺的标准之一。

这要求我们深入理解商品标识的内容，回应消费者的疑问或问题。

### （1）JAS 法

#### ①JAS 法的定义

农林水产省制定的 JAS 法的正式名称为《关于农林物资标准化及品质标识正确化的法律》。

这部法律规定了两种制度，即 JAS 标准（日本农林标准）和食品标识（品质标识标准），从业者必须按照法律的规定标注 JAS 标志或原产地等信息。

JAS 法制定于 1950 年，当时仅出台了 JAS 标准制度，1970 年修订后，对食品的品质标识标准也进行了规定。

1999 年再次修订后，法律要求向消费者出售的所有食品都必须进行正确的标注。

#### ②生鲜食品与加工食品

食品标识是挑选食品时的重要参考信息。

JAS 法将所有的食品分为生鲜食品和加工食品，要求不同类型的商品必须标注相应的标识。

生鲜食品是指蔬菜或水果等农产品、肉类或蛋类等畜产品，以及鱼类或贝类等未加工的水产品。

生鲜食品必须标注“名称”和“原产地”。

**图表37　JAS法规定的生鲜食品标识内容**（截至2008年1月）

| | 国产商品 | 进口商品 | 解冻·养殖 |
|---|---|---|---|
| 水产品 | 生产水域名称或地区名称（水域名称不详时，可用港口名称或都道府县名称代替） | 原产国名（可一并注明水域名） | 解冻产品标注“解冻”<br>养殖产品标注“养殖” |
| 畜产品 | 国产（主要饲养地所属的都道府县名、市町村名或大众熟知的地名） | 原产国名 | 无标识义务 |
| 农产品 | 都道府县名、市町村名或其他大众熟知的地名 | 原产国名、大众熟知的地名 | 无标识义务 |

加工食品是指以生鲜食品等为原料加工制造的食品（酒类等除外）。

加工食品必须注明“名称”“原材料名称”“赏味期限”“净含量”等标识。

加工食品不要求标注材料的原产地。

不过，由于消费者要求注明加工品原材料生产国的呼声越来越高，如**图表 38** 所示，原材料的原产地标识也逐渐成为强制性要求。

另外，除了上述普遍适用的规定之外，针对不同食品的特性，法律还制定了相关的特别规定。

图表38　加工食品的原产地标识义务

| 适用年月日 | 标识对象 |
|---|---|
| 2001.10.1开始 | 腌藠头、梅干 |
| 2002.2.1开始 | 腌青花鱼、竹荚鱼·青花鱼的鱼干、蒲烧鳗鱼、干燥·盐腌裙带菜 |
| 2002.4.1开始 | 其他农产品 |
| 2002.6.1开始 | 木鱼花 |

例如，生鲜食品中的大米必须注明“名称”“糙米原料”等标识。

其中，基于农产品检查法接受检查的产品，需标注糙米原料的“产地”“品种”“生产年份”。

此外，加工食品中的蒲烧鳗鱼必须在普通加工食品标识事项的基础上，注明鳗鱼原材料的原产地。

· 有机农产品
· 转基因商品
· 食品添加剂

等其他食品的标注详见本章第4节的说明。

(2) 致敏标识

除了JAS法规定的标识事项之外，还必须按照厚生劳动省颁布的食品卫生法等法律的规定标注其他事项。

近年来，因特定食物引发的特应性皮炎、荨麻疹、哮喘、呼吸困难、血压下降等过敏症状的人不断增加，已经成为一个不容忽视的社会问题。

现在，约有10%的儿童出现过敏反应，成年人患者也有增加的倾向。其原因主要包括遗传因素、住宅或大气污染等环境因素，以及饮食生活的变化造成的巨大影响。

出现过敏症状的患者强烈要求提供自己所摄入的食物中是否含有诱发过敏症状的物质等信息。

另外，随着过敏相关研究的进步，国际食品法典委员会于1999年就含致敏物质食品的内容标识达成协议，要求加盟成员国分别研究探讨相关的标识制度，国际社会对食物过敏的关注度也在不断提升。

在此背景下，日本于2002年4月开始正式施行修订版食品卫生法，要求必须对蛋、乳、小麦、荞麦、花生、虾、蟹等诱发过敏症状较多的食品原材料进行标注。

**图表39**为各部门需要标注特定原材料致敏标识的商品示例。

另外，虽然目前诱发过敏症状的情况较少，但建议对以下20种食品进行标注：鲍鱼、鱿鱼、鲑鱼子、橙子、奇异果、牛乳、核桃、鲑鱼、青花鱼、大豆、鸡肉、猪肉、松茸、桃子、山药、苹果、香蕉、明胶、芝麻、腰果。

出于以上原因，以食品制造商为代表，各行各业中致力于研究开发不含致敏物质商品的企业也越来越多。

**图表39 各部门应标注致敏标识的商品示例** （特定原材料・2010年6月）

| 特定原材料 | 配菜 | 日配 | 杂货 | 点心 |
|---|---|---|---|---|
| 蛋 | 厚烧鸡蛋<br>煎鸡蛋<br>火腿煎蛋<br>鸡肉鸡蛋盖饭 | 厚烧鸡蛋<br>鱼肉鸡蛋卷<br>蛋糕 | 蛋汤<br>鱼粉拌紫菜料包 | 一般曲奇饼<br>饼干<br>蛋糕等 |
| 小麦 | 炒乌冬面<br>烤饼 | 可丽饼 | 小麦胚芽<br>干乌冬面 | 以小麦粉为原料制作的仙贝 |
| 荞麦 | 冷荞麦面套餐 | 煮荞麦面 | 干荞麦面 | 荞麦曲奇 |
| 花生 | 放了花生的中式炒菜 | 花生酱 | 花生黄油 | 花生<br>花生仁<br>花生仙贝 |
| 乳 | 牛乳粥 | 牛乳<br>加工乳制品<br>黄油<br>奶酪<br>乳酸菌饮料<br>鲜奶油<br>酸奶 | 脱脂牛奶 | 冰淇淋<br>一般曲奇饼<br>饼干<br>蛋糕等 |
| 虾 | 炸虾天妇罗<br>干烧虾仁 | 虾仁烧卖<br>炸虾 | 干虾仁 | 虾仁仙贝 |
| 蟹 | 鸡蛋清烧蟹肉 | 蟹肉烧麦<br>蟹肉奶油炸肉饼 | 蟹肉罐头 | 蟹肉仙贝 |

### （3）可追溯体系的建设

可追溯（Traceability）一词由“追溯”（trace，追踪）与“可能性”（ability，可能）组合而成，直译为“追踪可能性”。

具体是指，从生产地到餐桌过程中的食品生产、加工、流通等履历均可追溯。

2001年9月，日本发现了首例BSE（牛脑海绵状病，即疯牛病）。

之后，以食品制造商为中心的食品标识造假、非法添加剂等问题相继发生，消费者对于“安全・放心的食品”关注度进一步提升。为此，食品制造商及零售业等在 2002 年前后开始迅速导入食品的可追溯体系。

此外，以人们对食品安全的高度关注为契机，可追溯体系得到进一步普及，不仅应用于牛肉，主动将蔬菜等食品加入可追溯体系的流通从业者也在不断增加，回应消费者“安全·放心的食品”需求的各项活动正在逐步推广。

并且，以大规模生鲜超市为中心，部分店铺已经通过在销售场所设置电脑等方式，向顾客公开牛肉和果蔬类食品的生产履历。

消费者点击电脑画面后，即可查看牛肉生产者的姓名、BSE 检测证明、饲料种类等信息，还能看到生产履历、生产者的照片或其他信息。

生菜、萝卜、菠菜等果蔬类则通过记录有生产者姓名、编号的贴纸提供信息，在生产企业的主页中输入编号，即可查看生产者的脸部照片、住址、电话号码等。部分企业则采取其他方式，在自有品牌的牛蒡或迷你胡萝卜等商品上印刷 QR 二维码，消费者用智能手机读取后，即可获取生产者的照片、农药的使用频率等信息。

除此之外，食品制造商还在不断尝试建立新的服务体系。

例如，建立完善的回应体系，能够迅速回答零售店就食品提出的各方面问题。

尤其是对以自助式销售为主体的生鲜超市而言，食品制造商等相关从业者进行的可追溯体系建设等尝试，能使消费者看到食品生产者的面孔，是顾客能够放心挑选商品的重要保障。另外，越来越多的消费者将可追溯性作为购买商品时的必要条件，也反映了可追溯性体系建设的重要性。

## 4. 安全性备受关注的商品

顾客对于食品安全性的关注度日益提升。

针对以下几种安全性颇受关注的商品，我们也应有所了解。

### （1）有机农产品、有机农产品加工食品（有机食品）

有机农产品是指以避免使用化学合成肥料及农药为基本条件，在播种或种植前 2 年以上（多年生作物为首次收获前的 3 年以上）的时期内，采用堆肥等方式进行耕作的农场内生产的农作物。以此原料制成的食品被称为有机农产品加工食品。

另外，除食盐和水的重量之外，有机农产品加工食品的所有原材料中，非有机农产品和非有机农产品加工食品的原材料所占比例必须在 5% 以下，食品添加剂的用量也必须控制在最小范围内。

所有的有机食品都必须由农林水产大臣批准的注册认证机

构（第三方机构）进行调查和认证。

此外，经过各类认证团体（国家或民间机构）认证的、满足 JAS 标准的食品也可称为有机食品，授予有机认证标志。

有机JAS标志

上述商品主要包括各种生鲜蔬菜和水果，有机农产品加工食品主要包括挂面、意大利面、米粉、麦片等干货类食品，酱油、砂糖、醋、汤料、味噌、橄榄油、调味汁、酱汁、番茄酱等调味料类食品，绿茶、红茶、咖啡、汤、果酱、婴儿食品等嗜好品，以及果汁等饮料。

有机农产品、有机农产品加工食品由于不使用农药，不仅有益健康，对生态环境也更加友好，因而受到人们越来越多的关注。

### （2）转基因农产品（食品）

转基因农产品（食品），是通过操纵植物基因对农作物进行改造，并由此培育而成的农产品。

**①我们为什么需要转基因农产品？**

目前，我们的地球上大约生活着 72 亿人，据预测，到 2050

年，地球的总人口数可达93亿。

从全球范围来看，我们的粮食总量还不足以养活当前的人口，以发展中国家为中心，每天有1万以上的儿童死于饥饿。

为了确保新增人口的粮食供应，导入新技术、提高农业生产率已经成为一个世界性的课题。

这就意味着，转基因技术是解决全球，尤其是发展中国家饥饿问题的关键之一。

·有效预防害虫、疾病、杂草等三大农业天敌。

·开发对消费者或食品加工从业者等群体有利的新作物，如营养价值高的作物、易于加工的作物等。

·针对寒冷气候强化作物耐寒性，针对干燥土壤提高作物耐旱性，针对盐分含量较高的沙漠或沿海地带等土壤特点增加作物的耐盐性，提高不同地区种植农作物的可能性，大幅度增加农业经营的土地面积。

**②转基因作物为何受到质疑？**

在日本，确认了作物安全性，允许进行销售·流通的转基因农产品目前有8种：大豆、油菜籽、玉米、棉籽、土豆、甜菜、苜蓿、番木瓜（截至2013年3月）。

不过，除了安全性之外，转基因技术对食物链完整性的影响也遭到质疑。

举例来说，通过转基因技术，从对某种特定除草剂具备耐受性的细菌中提取耐性基因，再将其融入大豆的遗传基因中，使大豆不会因此种除草剂的作用而枯萎。那么喷洒除草剂之后，除大豆之外的所有杂草将在除草剂的作用下全部枯萎，只留下转基因大豆。

而这类植物此前并不存在于自然界中，是人工作用的结果，人们怀疑其作为食品的安全性无可厚非。

另外，转基因植物对于生态系统的影响也难以预料，转基因问题不仅关系到人类，还关乎整个地球。

**③转基因农作物的标识义务**

如上所述，转基因农作物的问题十分严重。

出于各种原因，消费者希望获知商品是否为转基因农作物或使用了转基因农作物为原料等相关信息的愿望也越来越强烈，为此，日本从 2001 年 4 月 1 日开始，要求商品必须注明转基因标识。

必须履行标识义务的食品如**图表 40** 所示。

强制性标注对象为转基因食品，包括实行区别性生产流通管理的转基因农产品及其加工食品，和未实行转基因与非转基因区别性生产流通管理的农产品及其加工食品。

实行区别性生产流通管理的非转基因农产品及其加工食品等非转基因食品可任意进行标注。

**图表40　必须履行转基因标识义务的食品**　（截至2013年1月）

| 部门 | 目标农产品 | 加工食品 |
|---|---|---|
| 日配 | 大豆（包括毛豆、大豆芽） | 豆腐・油炸豆腐类 |
| | | 纳豆 |
| | | 豆乳类 |
| | | 大豆煮豆 |
| | | 豆腐渣、豆腐皮 |
| 冷冻食品 | 玉米 | 冷冻玉米 |
| | 土豆 | 冷冻土豆 |
| 杂货 | 大豆（包括毛豆、大豆芽） | 冻豆腐、豆腐皮 |
| | | 味噌 |
| | | 罐装大豆、瓶装大豆 |
| | | 黄豆粉 |
| | | 炒大豆 |
| | 玉米 | 玉米淀粉 |
| | | 罐装玉米、瓶装玉米 |
| | 土豆 | 干土豆 |
| | | 土豆淀粉 |
| 点心 | 玉米 | 玉米类零食点心 |
| | | 爆米花 |
| | 土豆 | 土豆类零食点心 |
| 注意：以下食品也是标识对象 | | |
| 各部门需要确认的内容 | 以上述加工食品为主要原材料的食品 | |
| | 大豆 | 以大豆（烹饪用）为主要原材料的食品 |
| | | 以大豆粉为主要原材料的食品 |
| | | 以大豆蛋白为主要原材料的食品 |
| | | 以毛豆为主要原材料的食品 |
| | 大豆芽 | 以大豆芽为主要原材料的食品 |
| | 玉米 | 以玉米面为主要原材料的食品 |
| | | 以玉米糁为主要原材料的食品（玉米片除外） |
| | | 以玉米（烹饪用）为主要原材料的食品 |
| | 土豆 | 以土豆（烹饪用）为主要原材料的食品 |

根据农林水产省：“转基因食品标识”制作

此外，如**图表41**所示，加工后不再残留重组DNA及由其产生的蛋白质的加工食品，即使以转基因农产品为原料，也不要求标注。

**图表41　无须标注转基因标识的加工食品**　（截至2010年3月）

| 部门 | 目标农产品 | | | | | |
|---|---|---|---|---|---|---|
| | 大豆 | 玉米 | 土豆 | 油菜籽 | 棉籽 | 甜菜 |
| 配菜 | | | 土豆泥 | | | |
| 冷冻食品 | | | 冷冻食品<br>瓶装土豆<br>加工食品 | | | |
| 日配 | | | 瓶装土豆<br>加工食品 | | | |
| 杂货 | 酱油<br>大豆油 | 玉米片<br>使用麦芽糖的食品（果酱类等）<br>使用液态糖的食品（糖浆等）<br>使用糊精的食品（汤类等）<br>玉米油 | 土豆泥<br>土豆淀粉（淀粉等）<br>土豆片加工品（薯片等）<br>瓶装土豆<br>加工食品<br>罐头 | 菜籽油 | 棉籽油 | 砂糖（以甜菜为主要原料） |

并且，加工食品原材料中转基因农产品的占比在前3位之外，且重量比例低于5%时，不要求标注。

另外，针对当前尚不存在转基因改造的农产品（如大米、小麦、菠菜等）及其加工食品，不允许标注“非转基因”“未使用转基因原材料”等标识。

总之，我们既然将食品安全作为第一宗旨，就必须注意各方面的细节问题。

## 5. 正确认识食品添加剂

近年来，消费者对于食品添加剂的安全意识也在不断提升。尤其是化学合成的添加剂中，部分添加剂并未在除日本之外的其他国家使用，拒绝含此类食品添加剂的顾客也在不断增加。食品添加剂在食品的加工与保存等方面确实发挥着重要作用，但千万注意不能使用过量。此外，无添加、无着色等不含添加剂的商品也越发受到消费者的欢迎。

### (1) 食品添加剂的定义

过去，人们在食品的保存与加工上花费了各种心思。

例如，将肉类或鱼类进行熏制或腌制，使用食物的果实、叶片、花朵等进行着色增香。

这些用于食品制作、加工、保存的调味料、保鲜剂、着色料等统称为食品添加剂。

现在，我们所使用的食品添加剂既有植物的果实或花叶提取物，又有化学合成的添加剂。

当然，食品添加剂必须在确认其安全性后使用。

根据食品卫生法的规定，食品添加剂是指“在食品的制造过程中，出于加工或保存等目的，在食品中添加或混合的物质”。

### （2）食品添加剂的分类

日本将食品添加剂分为以下几类。

· 经厚生劳动大臣确认安全性与有效性的“指定添加剂”

（例：山梨酸）

· 作为天然添加剂在实际生产中广泛使用而确定的“现有添加剂”

（例：栀子黄色素、柿子单宁）

· “天然香料”（例：香草）

· “一般食品添加剂”（例：茶、草莓果汁）

………………………… 此外，也可按以下方法进行分类。

· 自然界中不存在，化学合成的添加剂

………………………………………………………… 糖精钠等

· 自然界中存在，化学合成的添加剂

……………………………………………………… 维生素 C 等

· 自然界中存在，直接使用或提取的添加剂

………………………………………………………… 果胶等

· 作为添加剂使用的食品类

乙醇（柿子去涩）等

### （3）添加剂的种类与用途示例

食品添加剂即使对人体没有危害，也不会有益于健康。

**图表42 食品添加剂的种类与用途示例** （截至2013年3月）

| 种类 | 目的与效果 | 食品添加剂示例 |
|---|---|---|
| 甜味剂 | 增加食品甜味 | 木糖醇 |
| | | 阿斯巴甜 |
| 着色剂 | 为食品着色，调节食品色调 | 栀子黄色素 |
| | | 食用黄色4号色素 |
| 防腐剂 | 抑制霉菌或细菌的生长繁殖，提高食品的保存性能，预防食物中毒 | 山梨酸 |
| | | 鱼精蛋白提取物 |
| 增稠剂 | 增加食品爽滑的口感，增加黏稠度，防止分散，提高食品稳定性 | 果胶、羧甲基纤维素钠 |
| 稳定剂 | | 羧甲基纤维素钠 |
| 胶凝剂 | | |
| 糊剂 | | |
| 抗氧化剂 | 防止油脂类氧化，提高食品的保存性能 | 异抗坏血酸钠 |
| | | 混合维生素E |
| 显色剂 | 改善火腿、香肠等食品的色调·风味 | 亚硝酸盐 |
| | | 硝酸盐 |
| 漂白剂 | 漂白食品，使食品更白、更具光泽 | 亚硫酸钠 |
| | | 次亚硫酸钠 |
| 防霉剂（除霉剂） | 防止柑橘类食品发霉 | 邻苯基苯酚 |
| | | 联苯 |
| 激酵母活性剂 | 改善面包中酵母菌的发酵 | 磷酸三钙 |
| | | 碳酸铵 |
| 胶基 | 口香糖的基本材料 | 酯胶 |
| | | 树胶 |
| 香料 | 为食品增香，使其风味更佳 | 香橙香料 |
| | | 香兰素 |
| 酸味剂 | 增加食品酸味 | 柠檬酸 |
| | | 乳酸 |
| 调味剂 | 为食物提鲜，使其更加美味 | L–谷氨酸钠 |
| | | 5’–肌苷酸二钠 |
| 豆腐凝固剂 | 制作豆腐时使豆乳凝固 | 氯化镁 |
| | | 葡萄糖酸内酯 |
| 乳化剂 | 使水与油混合均匀 | 甘油脂肪酸酯 |
| | | 植物卵磷脂 |
| pH调整剂 | 调节食物的pH值，改善食品品质 | DL–苹果酸 |
| | | 乳酸钠 |
| 碱水 | 营造中式面条的口感、风味 | 碳酸钠 |
| | | 多磷酸钠 |
| 膨化剂 | 使蛋糕等食品更加膨胀松软 | 碳酸氢钠 |
| | | 烤明矾 |
| 营养强化剂 | 强化营养 | 维生素C |
| | | 乳酸钙 |
| 其他食品添加剂 | 其他有助于食品制造或加工的添加剂 | 氢氧化钠 |
| | | 活性炭、蛋白酶 |

（日本食品添加剂协会）

另外，消费者对于食品的潜在需求为无添加的天然食品。

食品添加剂相关的安全问题引发了诸多争议，我们作为零售经营者，需要正确认识食品添加剂，了解添加剂的相关知识，以健康和安全为根本，采取适当的措施，提供合理建议，才能赢得消费者的信任。

# 第 6 章

# 烹饪与料理

向顾客提供饮食建议不仅要在食品销售上下功夫，还要了解烹饪方法或菜谱等煮饭烧菜的基本知识，甚至有必要进一步掌握烹饪时使用的器具、菜品装盘、各式容器等相关知识。特别是对新商品而言，只有弄懂其味道、特点、食用方法等，才能让顾客放心购买。

此外，全世界各地都有自己的饮食文化，日本国内的地方饮食文化也各不相同。在各类仪式活动或纪念日等场合，人们根据不同 TPOS① 选择各式各样的美食。若我们在强调“饮食的乐趣”的同时，引发顾客对“探索新奇事物的乐趣”的共鸣，无疑能为商品销售带来更多的生机和可能性。

## 1. 烹饪与料理的区别

### (1) 烹饪的含义

烹饪的意思是“加工处理”，即将食材转化为可食用状态的过程。例如，清洗食材，去除附着在食材上的泥土等污垢；通过煮制或烧制等方式让食物转生为熟，防止生食危害健康；通过炖煮使坚硬的食材软化等。此外，烹饪还包括去除食材中不干净或不安全的物质，促进食材消化 · 吸收的处理，将食材加工为适宜保存的状态，以及调味、摆盘等各项工序。

① TOPS：T 指时间；O 指场合；P 指场所；S 指生活习惯。

### （2）料理的含义

在日语中，料理与烹饪一样，也可指将食材处理为可食用状态，直至端上餐桌的各道工序。不过，装在盘子里的食物不能称为“烹饪”，只能用“料理”来表示。人们说“那家餐厅的料理很好吃”时，这里的“料理”指的是盛放在器皿里、端上餐桌的食物，甚至还包含店里的氛围等。

## 2. 烹饪方法与烹饪器具

### （1）原材料的切法

说到料理，大家首先想到的可能就是菜刀，可见“切菜”工序的频繁。根据不同的菜谱、食材或料理方法，切菜的方式也各不相同，我们必须事先了解。

**图表43　蔬菜的切法**

| 名称 | 方法・顺序 | 图示 |
|---|---|---|
| 切小段 | 黄瓜、大葱等细长型的蔬菜从顶端开始依次切小段。每段的长度根据菜谱或材料的需要进行调节 | 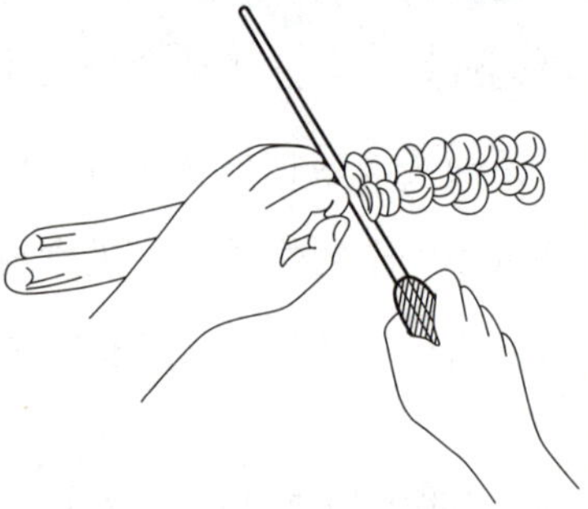 |

**续表**

| | | |
|---|---|---|
| 切丝 | 按每片4cm～5cm的长度将蔬菜切开，再沿着植物纤维的方向切成细丝。切断植物纤维可使蔬菜软化便于消化，推荐肠胃功能较弱的人使用 |  |

续表

| | | |
|---|---|---|
| 切圆片 | 对于切口呈圆形的原材料，只需将菜刀垂直向下即可切成圆片。为保证食物受热均匀、味道一致，最好切成相同的厚度 | 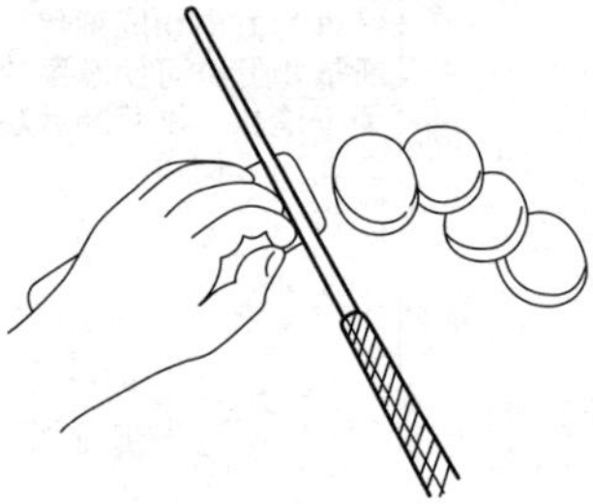 |
| 切碎末 | 先将原材料切成细丝，再将细丝切成碎末。切葱段时，可以多根葱段纵向码放整齐后从顶端开始切 | 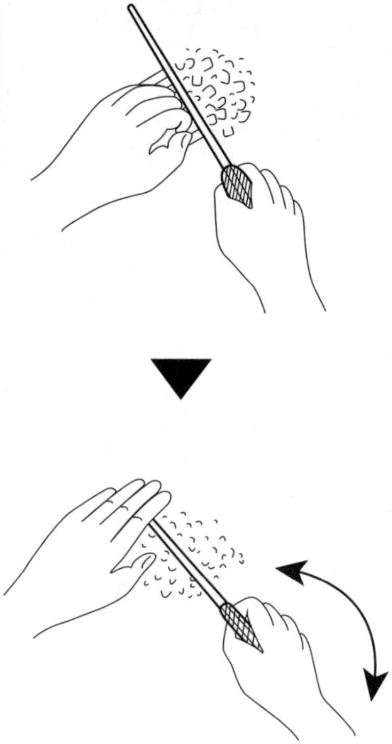 |

续表

| | | |
|---|---|---|
| 切半圆 | 将原材料纵向切开一分为二，再将切口向下切成厚度适中的半圆薄片。成品为在圆片的基础上进一步切成两半的半圆形 | 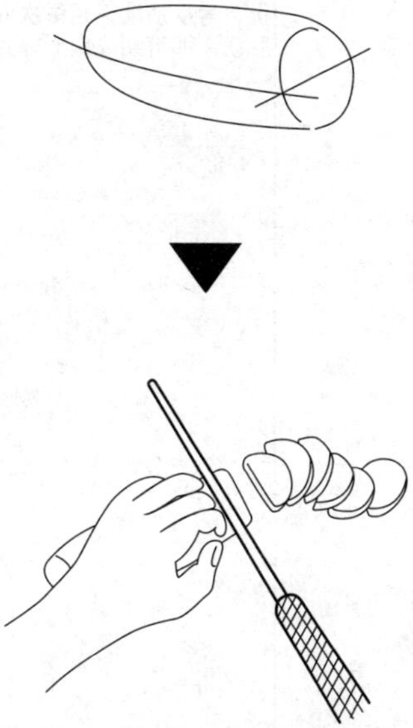 |
| 切条形薄片 | 将白萝卜等先切成5cm左右的圆段，再纵向切成1cm厚的长方体，最后纵向切成条形薄片。成品为扁平的长方形 | 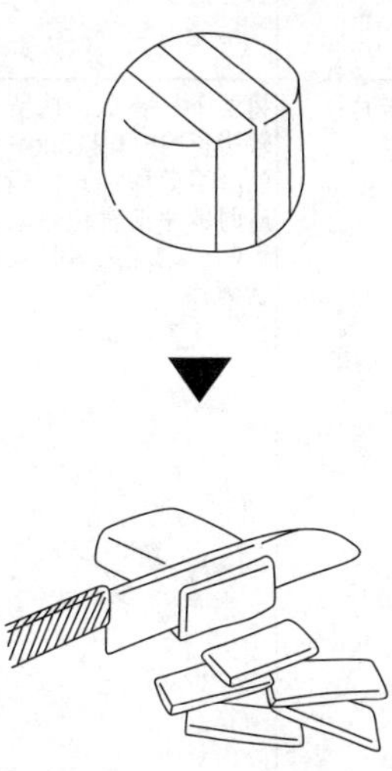 |

续表

| | | |
|---|---|---|
| 切扇形薄片 | 将原材料了纵向切成四等份，再从顶端开始依次向后切，即可切成扇形薄片 | 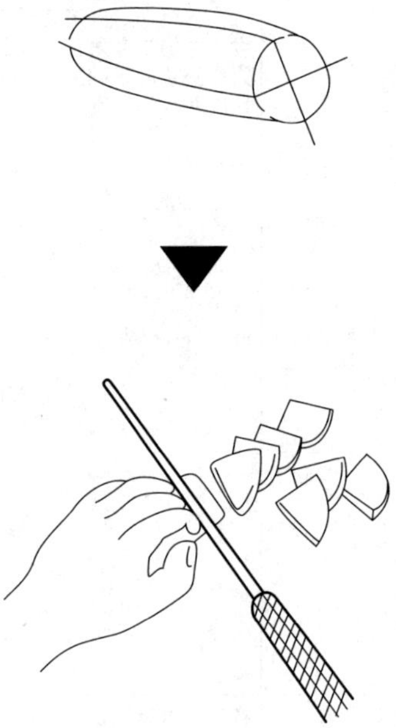 |
| 切薄长片 | 将萝卜、黄瓜、胡萝卜等较粗长的材料按5cm～8cm的厚度分段切开，模仿削皮时的手法，边转动材料边削，切成又薄又长的带状薄片 | 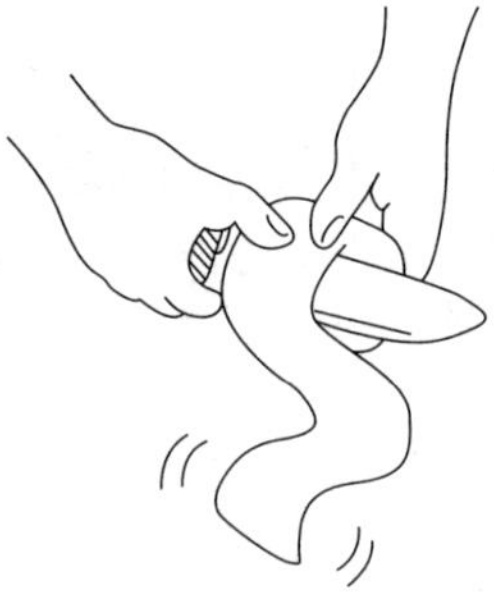 |

**续表**

| | | |
|---|---|---|
| 切滚刀块 | 将黄瓜、胡萝卜等较细长的材料边滚动边斜向切块。形状虽然不规则，但由于切口较多，味道更容易渗入食材，适合用于煮制食品的加工处理 | 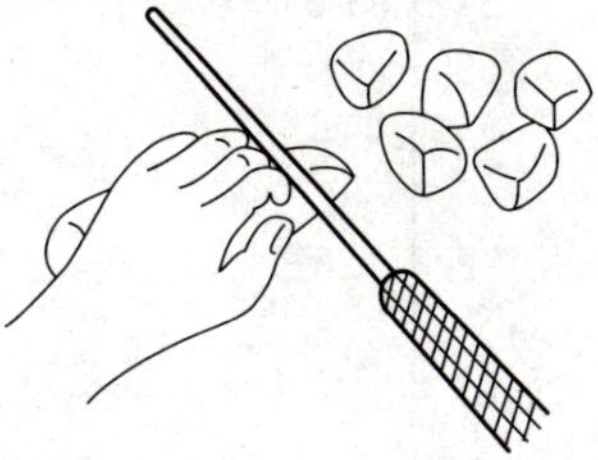 |
| 切梳状 | 将西红柿或柠檬等圆形材料的上下两端（茎干连接处或花萼，根部或花朵掉落处）切去少许，直立摆放后纵向切成两半，再沿着中心线呈放射形切成均等的梳状 | 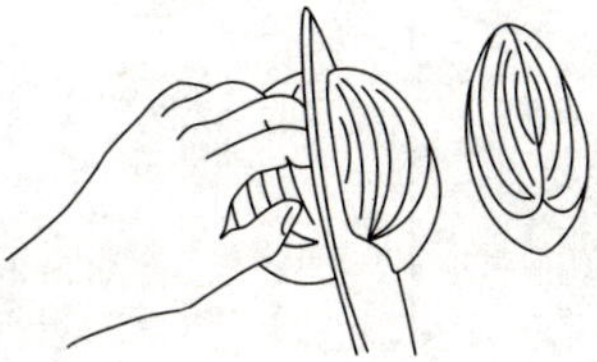 |
| 削竹叶片 | 按照削铅笔的方式，将牛蒡或胡萝卜等细长的材料削成竹叶状的小薄片。牛蒡的涩味较重，可准备大量清水浸泡去涩 |  |

续表

| | | |
|---|---|---|
| 刮圆 | 为避免切成圆片或滚刀块的材料被煮变形，在煮制之前沿切口去除棱角，将食材刮圆 | 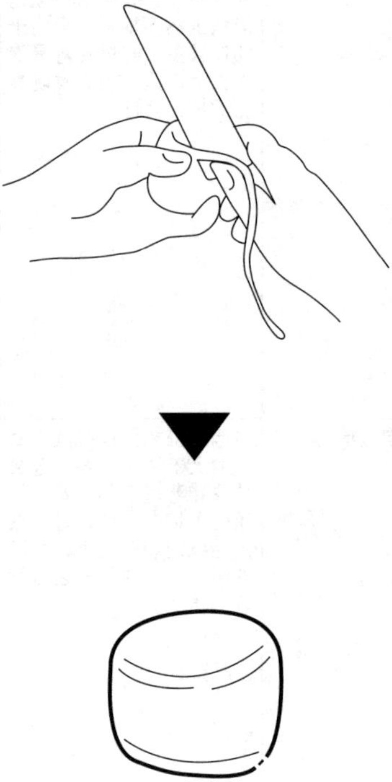 |
| 切骰子块 | 先按1cm～2cm的厚度纵向切条，再按相同的厚度横向切块。切好的食材与骰子的形状相似。制作凉拌菜或沙拉时经常使用这种切法 | 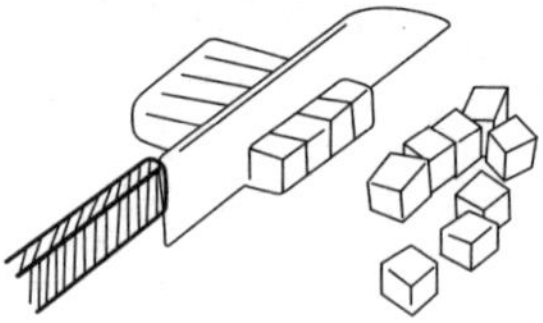 |

**续表**

| | | |
|---|---|---|
| 切浅刀 | 为使食物火候更佳或入味更快，方便食用，在材料的隐蔽部位划出切口。常用于加工白萝卜、茄子、蒟蒻等不易入味的材料。烤制全鱼时，也会采取切浅刀的方法 | 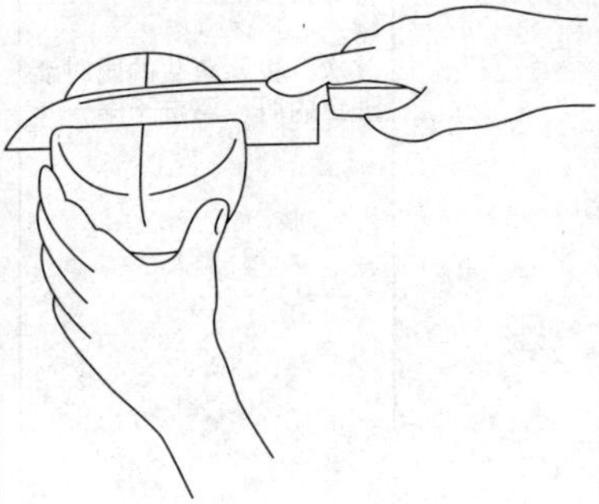 |
| 切花刀 | 烤制鱼类等食物时，在表皮上方切出较浅的装饰性切口。不仅可以起到装饰作用，还能使火候更佳 | 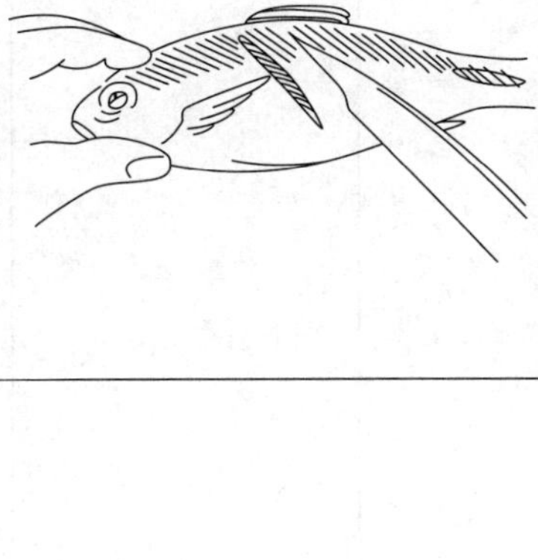 |

**图表44　鱼的处理方法**

| 名称 | 方法·顺序 | 图示 |
| --- | --- | --- |
| 初步准备 | 首先，按住鱼头，去除鱼鳞。<br>其次，去除鱼头的同时清理鱼内脏，清洗干净 | 去鳞<br>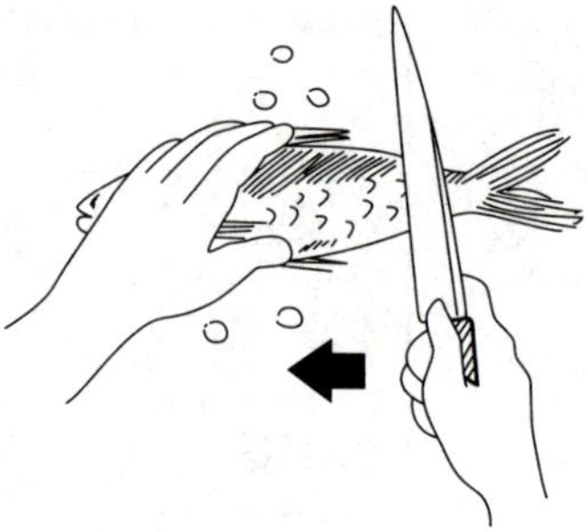<br>去内脏<br>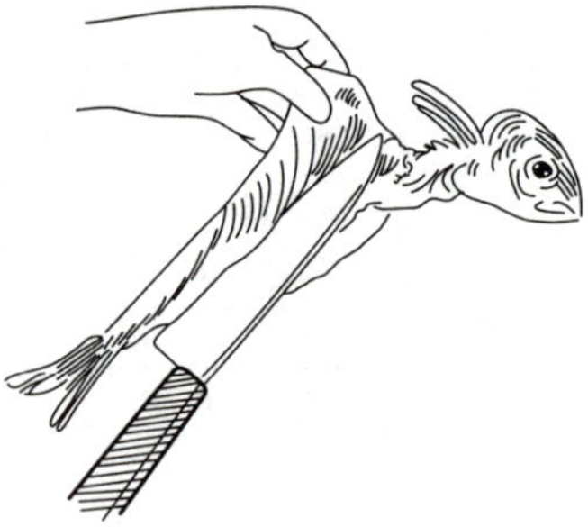 |

**续表**

| | | |
|---|---|---|
| 2片式处理 | 摆放鱼肉，使鱼头切口朝向外侧，鱼尾巴朝向自己，将刀放平，沿着鱼脊骨从鱼肚子处切开。紧贴着鱼脊骨，一口气将刀从头部拉到尾部，确保鱼骨不会残留在鱼肉中。体型较大的鱼可以分两三次，从腹部和背部的分别切开 | 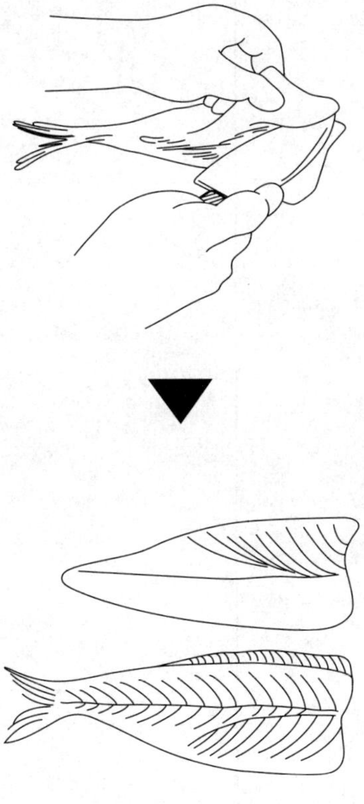 |

续表

| | | |
|---|---|---|
| 3片式处理 | 2片式处理完成后，将带有鱼骨的部分朝下放置，用菜刀将鱼肉和鱼骨向前切开 | 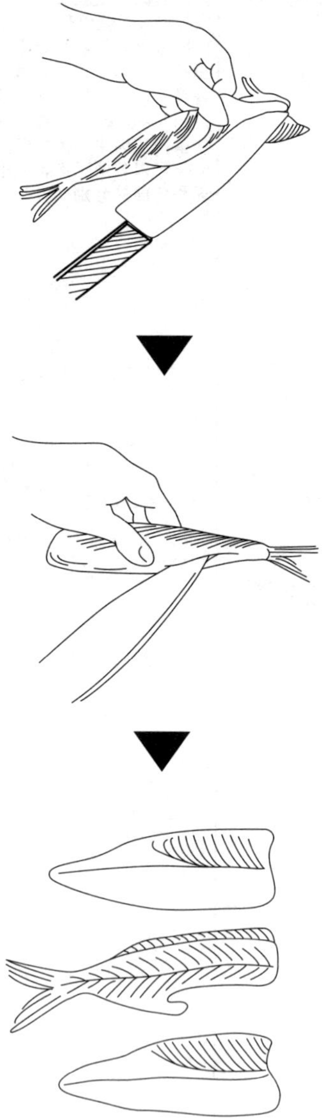 |

续表

| | | |
|---|---|---|
| 腹部切开 | 将鱼尾朝自己的方向放置，从鱼腹部切开。沿着鱼脊骨一边将刀往自己的方向拉，一边分开鱼肉，注意刀尖的深度要达到鱼背附近。分开鱼肉后将鱼尾朝外摆放，鱼脊骨朝下，单手按住鱼肉后剔除鱼脊骨，再取出鱼腹部分的骨头 | 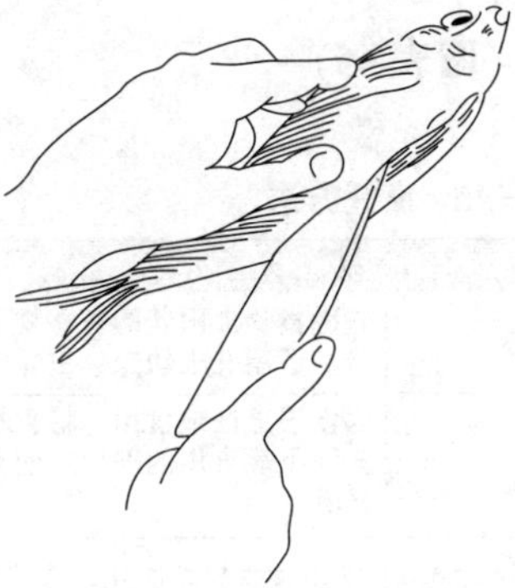 |
| 背部切开 | 将鱼尾朝自己的方向放置，从鱼背部切开。从上方沿着鱼脊骨一边将刀往自己的方向拉，一边分开鱼肉。分开鱼肉后将鱼尾朝外摆放，单手按住鱼肉后剔除鱼脊骨，再取出鱼腹部分的骨头 | 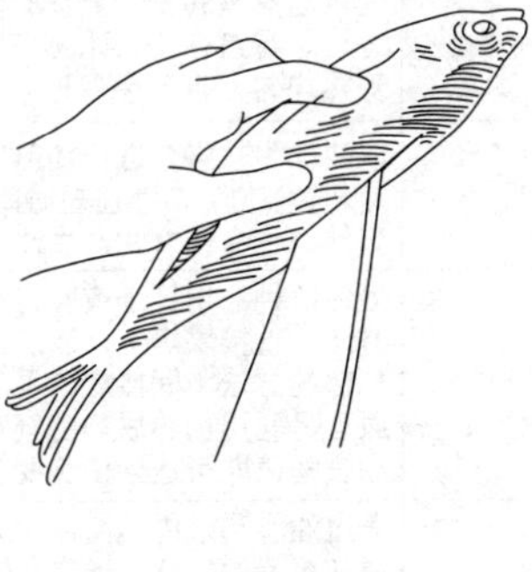 |

### （2）烹饪方法

正如料理中经常使用的“炊煮”一词所示，“烧”与“煮”是最具代表性的烹饪方法，不过在炊煮之前，还有多种处理方法。(**图表45**)

**图表45 烹饪方法**

| 烹饪方法 | 目的 | 代表性食品 |
|---|---|---|
| 清洗 | 去除食物上附着的有害物质或污垢，以及不需要的部分。还能洗去幼虫、虫卵、活鱼宰杀后的残留血液等 | 所有食品（大米则需“淘”） |
| 切 | 为便于烹饪或食用，将食材加工为理想的大小、形状，去除不能食用的部分。使食材加热速度更快，外观更好看 | 所有食品 |
| 混合・调拌・打泡 | 使多种食材均质化，或使食材加热时的温度平均上升。使食材中混入空气，入口更加柔和 | 调味料、粉、蛋白 |
| 炖煮 | 将食材放在汤底内加热的方法，特点在于可同时进行调味。长时间炖煮后味道逐渐渗入食材，不过食物的形状和营养成分难以保持 | 蔬菜、肉、鱼 |
| 焯煮 | 将食材放在温度适宜的热水中进行加热的方法。与“炖煮”方法的区别在于，焯煮后的水最终弃之不用。目的在于使食材变软，去涩或杀菌。根据不同的烹饪目的，可在水中加入盐、醋、小苏打、米糠等 | 蛋、竹笋、野菜、带叶蔬菜 |
| 蒸・焖 | 利用水蒸气转变为液体时释放的能量对食材进行加热的方法。特点在于，水蒸气能在容器内反复循环，使食材受热均匀，且不易变形 | 糯米、红薯、豆沙包 |
| 油炸 | 以油作为热媒介进行加热的方法。特点在于，油温可迅速超过100℃，能在短时间内完成加热，成分损失较少。当然，也会使食物产生油炸味 | 蔬菜、肉、鱼 |
| 烤 | 分为两种：用钎子或网将食物直接置于热源之上的加热方法（直接烘烤），以及用铁板或平底锅传递热能进行加热的方法（间接烘烤）。烤箱加热也属于间接烘烤，原理是利用加热后的空气对流包裹食物四周。不需要移动食物，即可达到使食物表面焦黄的效果 | 蔬菜、肉、鱼 |
| 炒 | 通过油脂和锅内的高温对食物进行加热。增加油脂的味道和爽滑的口感。通常在短时间内即可完成烹饪，保持蔬菜的青翠色泽，减少非耐热维生素的流失 | 蔬菜、肉、鱼 |
| 炊煮 | 属于“煮”的一种，特点在于炊煮过程中不搅动食材，加热完成后不残留水分且保证食材不被烧焦。使食材吸水而变得柔软 | 大米、豆类等 |

### (3) 烹饪器具

为了提高烹饪的效率和菜品的完成度，必须根据烹饪目的选择不同的器具。本节将介绍几种主要器具。在向顾客推荐新食材或食用方法时，除了烧或煮等烹饪方式外，介绍合理的烹饪器具更为有效。

#### ①菜刀

菜刀是对原材料进行切、削、敲等加工的代表性工具。菜单虽然简单常见，但用途广泛，种类繁多（**见图表46**）。

**图表46　菜刀的种类**

| 名称 | 特征 | 食材・用途 |
| --- | --- | --- |
| 日本三德菜刀、文化菜刀 | 由日本开发的万能菜刀。<br>结合了切菜刀和牛刀的优点 | 用途广泛，处理蔬菜、鱼等均可。<br>不适合处理硬度较大的材料 |
| 切菜刀 | 宽度较大，刀身厚度较薄。双面刃 | 适用于所有的蔬菜。也可用来切乌冬面或荞麦。不适合处理硬度较大的材料 |
| 出刃刀 | 刀尖锋利，单面刃，刀身较为厚重。适合处理骨头等硬物或宰杀处理鱼肉 | 鱼肉的2片式或3片式处理，切割带骨鱼肉。带骨鸡肉的处理，去皮、剔骨等 |
| 柳刃刀 | 刀身细长，有一定厚度，单面刃。刀尖锋利，便于切割处理 | 鱼贝类的刺身、鱼肉的3片式处理。海鳗剔骨 |
| 牛刃刀 | 也称为洋菜刀。<br>刀刃较薄，刀尖也可使用，用途广泛 | 肉块切割或去筋。<br>宰杀处理鱼肉、制作刺身等各类用途 |

#### ②搅拌机

通过不锈钢刀片的快速旋转对食品原材料进行混合或绞碎。搅拌时间越长，食物越细碎。适合用来加工各类菜泥、果酱或山药汁等。

③**食物加工机**

食物加工机的基本功能为切末和切泥，按照不同的使用目的替换刀刃，可以实现切薄片、细丝或粉碎等食材加工处理，还有制作果子露、打发奶油、揉搓面包或意大利面的面团等附加功能。食物加工机能在短时间之内完成大量食物的烹饪加工，不过成品卖相可能不够理想。

④**炉子与锅类**

实际的烹饪过程以加热为中心。用于加热的烹饪器具主要为炉和锅。

炉是热源的代表，利用天然气或电力产生热能。近年来，从安全角度考虑，不使用明火的加热炉（电磁烹饪炉）越来越常见。

在人们的第一印象中，锅的功能以煮制食物为主，不过平底锅也是家常必备厨具之一。此外，还有炸制天妇罗等食物所用的油炸锅、炒制中华料理所用的炒锅，以及蒸制料理必备的蒸锅或蒸笼等。

⑤**烤箱**

制作烤鱼的基本烹饪方法是在炉子上架设铁丝网进行烤制。在燃气炉架上设置烤鱼工具则可上下同时进行烤制。不过这种方式不能用来烤制面包或蛋糕等食品，需要使用烤箱。

烤箱的内部设置有电力或天然气热源，通过壁面发出的放射热与箱体内的热气来烤制食物，使食物形状发生改变，出现焦黄色泽，具有独特的风味。饼干、比萨饼或奶汁干酪焗菜都可以利用烤箱轻松完成。现在市面上还出现了蒸汽烤箱等新式设备，进一步拓宽了料理制作的可能性。

**⑥微波炉**

过去，微波炉主要用于加热食物，因此很难称之为烹饪器具。近来，微波炉还被广泛用于煮制或蒸制食物。微波炉在一般家庭的普及率很高，日常生活中主要用来给食物加热或解冻。其工作原理为利用微波辐射食品，使食品分子之间产生摩擦，从而产生热能，达到加热食物的目的。

**⑦家用电炉**

家用电炉通过内部设置的热源对烹饪面板（烤盘）进行加热，从而实现食物的加热。通常在餐桌上使用，以烧烤类食物为主，也可以将烤盘替换制作炖菜或火锅。

**⑧IH 电磁炉**

IH 电磁炉与普通炉灶的功能相同，最大的区别在于电磁炉不使用明火，而是通过电力与磁力直接对其上方的锅类进行加热。比煤气灶更加平坦美观，易于护理。电磁炉没有火焰产生，因此热能更为集中，加热效率更高，操作更加便捷，对于儿童与老年人而言也十分安全。虽然可配套使用的锅类有所限制，近年来，新机型的开发也在不断推进。

## 3. 再次确认料理的基本

在进入煮、烧、炸等烹饪工序之前，必须做好洗菜切菜等准备工作。本节主要对蔬菜类的准备工作进行说明。鱼肉的处理可参阅**图表44**（本章第2节）的内容。

### （1）准备工作

#### ①蔬菜的准备工作

蔬菜品种繁多，需要按照不同的方法进行准备。要突出每种蔬菜所具有的独特风味，关键在于选择适宜的处理方法。各类蔬菜的基本处理原则是，在完美去除生涩味的同时，兼顾蔬菜的颜色和最佳口感。

**图表47 蔬菜的准备工作**

| 蔬菜名称 | 方法 |
|---|---|
| 红薯·土豆·茄子 | 去皮，切成适当的大小，焯水去涩 |
| 芋头 | 去皮，用盐揉搓、焯水去除黏液 |
| 牛蒡 | 表皮具有独特的香气。用菜刀稍稍刮落表皮即可。涩味较重，切片或切丝后迅速浸入水中 |
| 食用土当归·莲藕 | 去皮，在醋水浸泡去涩。土当归需削去较多的表皮 |
| 竹笋 | 带皮清洗，去掉表面的泥土。向斜下方去除竹笋顶端的笋衣。用菜单从上自下划开笋衣。用添加了米糠的水（或淘米水）加盖焯煮。待竹笋软化后用竹签测试，确保竹签能轻易穿透。将竹笋浸泡在焯煮的水中直至冷却。去皮后浸入水中。 |
| 蜂斗菜 | 去除叶片。切成合适的长度放入锅内，在砧板上撒盐加工保持新鲜。浸入冷水中剥去表皮。涩味较强，务必要焯水去涩。 |
| 青菜的焯水方法 | 用多于材料两三倍的热水焯煮（先放入茎干部分，确保青菜整体的焯煮程度一致）。之后迅速浸入冷水中固色，确保颜色鲜艳。 |

### （2）日式高汤

日式高汤是将食物中的鲜味溶入水中制成的辅料。这种鲜味成分具有使食物的风味更佳浓郁，凸显食材美味的功效。同时，还能刺激消化器官分泌消化液，有助于人体对营养成分的吸收。在日常烹饪中，日式高汤被大量用于烩菜类或炖菜类料理中。

**①日式高汤的种类**

头道高汤　作为清汤或乌冬面的汤汁

二道高汤　搭配普通配菜

海带高汤　用于火锅类或汤豆腐

鱼干高汤　用于味噌汤

**②日式高汤的制作方法**

头道高汤

材料：煮高汤用的海带 10cm 方形 1 片（约 10g）、木鱼花 10g~20g、水 5 杯

用拧干的湿毛巾擦拭海带片，仔细去除表面的污垢与沙子。在锅中放入水和海带，用小火加热。

海带浮出汤汁表面时立即取出。若将海带煮至汤汁沸腾，海带中的黏液会使汤汁浑浊。

加入适量凉水使汤汁停止沸腾后，将木鱼花全部放入，继续煮 10 秒后立刻关火。

在笊篱内铺好纱布，将笊篱架设在盛放高汤的大碗上。

待木鱼花沉入汤底时，迅速将高汤小心地倒入碗中，用铺好纱布的笊篱将木鱼花过滤。过滤后的木鱼花可用于制作二道高汤。

二道高汤

材料：头道高汤煮过的海带或木鱼花，新海带 5cm 方形 1 片，木鱼花 5g（新追加），水 3 杯

将煮过的海带或木鱼花、新海带（清理干净后）、水一同放入锅内，开火。小火慢煮 10 分钟左右，汤汁沸腾后加入木鱼花，再次煮沸后关火，用铺好纱布的笊篱过滤即可。

海带高汤

材料：海带 15cm 方形 1 片（约 15g），水若干杯

用大碗等容器盛放适量的水，将海带（清理干净后）放入水中，浸泡 2 小时左右即可。另一种方法是用水短时间浸泡海带后，开小火慢煮，在汤汁即将沸腾时捞出海带即可。

鱼干高汤

材料：鱼干（杂鱼干）约 30g、水 5 杯

将去除头部和内脏的鱼干放入锅内，加水后开火慢煮。鱼干经过干炒后炖煮风味更佳，香味更加浓郁。用中火炖煮 10 分

钟左右，捞起浮沫等杂质后关火，用铺好纱布的笊篱过滤即可。

## 4. 料理的最佳摆盘方法

无论是日本料理还是西洋料理，均将盛菜摆盘作为享受美食的重要环节。无论使用的素材如何优良，料理的味道如何绝妙，若菜品装盘草率随意、毫无美感，那么此前付出的辛苦与努力也将付诸东流。这或许与购完物后买单结账的应对方式有异曲同工之处。日本料理尤其重视外观与季节性，是盛菜摆盘的关键所在。

### （1）摆盘的基本

#### ①日式料理

料理的品相需要装盘的立体感来体现。日语中用堆成小山来形容食物装盘。无论装盘的容器是碗还是盘，都应遵循保持立体感的原则。炖菜等形状清晰的食材在摆盘时要注意维持平衡感，成品以圆锥状为佳。煮制料理通常盛放在碗或钵中，需要考虑食物与碗的高度之间的关系，防止溢出。醋拌凉菜等料理在摆盘时尽量堆高，呈小山状为佳。

头尾完整的鱼在装盘时需将鱼头置于左边，且使鱼腹部分朝前。萝卜泥或生姜等配菜（装饰物）可巧妙地点缀在右前方或鱼肉上方。切成块状的鱼肉装盘时则需将鱼背或带皮部分朝向另一侧（外侧），配菜的摆放也与此相同。

**②西式料理**

西式料理摆盘的关键在于使用较大的容器进行盛放。由于西方菜肴通常要用刀叉在盘内切分食物，盘子过小无疑会造成用餐不便。

鱼或肉盛放在盘子内侧，用于搭配或点缀的蔬菜等食材则摆放在另一侧（外侧）。西式料理的摆盘与日式料理不同，不需要刻意营造立体感。近来，西式料理也越来越重视品相，用色彩鲜艳的蔬菜搭配鱼或肉的做法颇为常见。

### （2）食器的用法

料理的品相除了做好摆盘之外，还需要发挥食器的重要作用。人们常说的“食在盛器”“用错盛器无异于糟蹋美食”也说明了这一点。不过，普通家庭很难备齐所有的食器种类，通常根据各自家庭的喜好和需求来准备。

**①食器的形态**

盛放料理的容器大致可以分为盘、陶瓷碗（或木碗）、钵等三类。盘或钵又可以分为圆形、椭圆、正方形、长方形等各种形状，各类食器又有深浅上的区别，需要根据料理的形状或配色等合理进行选择。

图表48　食器的形态

| | |
|---|---|
| 盘 | 盛放烤制或炸制等无汤汁（或汤汁较少）的料理 |
| 钵 | 盛放煮制或凉拌类等带有汤水的料理 |
| 木碗、陶瓷碗 | 盛放汤类或米饭。分为木制或陶瓷制 |

### ②食器的材质

不同材质的食器如**图表49**所示。不同的材质可以营造不同的季节感。

图表49　食器的材质

| | |
|---|---|
| 陶器 | 在陶土上涂覆釉药后烧制而成的器物。胎体较厚，根据不同的陶土或釉药呈现出微妙的颜色 |
| 瓷器 | 以打磨成粉的陶石为原料烧制而成的器物。胎体坚硬且较薄。未添加花纹或颜色时基本为白色。以九谷烧或濑户烧较为有名，瓷器在日语中一般被称为“濑户物” |
| 漆器 | 在木制的碗类等器具表面涂上漆制成的器物。漆器大多作为汤碗或饭碗使用。也可制成多层漆盒、盆、托盘、筷子等器具。以轮岛涂和会津涂较为有名 |
| 玻璃器皿 | 主要作为盛放饮料的杯子使用，也可制成盘子或钵类。盛放挂面、甜点等冷吃食品效果最佳 |
| 木器 | 汤碗、饭碗、木桶、饭桶等。具有吸湿性，刚煮好的米饭放入木桶中也能保持清爽的形态，不会变得黏糊 |
| 竹器 | 一般作为盛放荞麦面的竹屉使用。将粗壮的青竹枝干劈成细条后编制成器。能够突显刺身或面类的清凉感 |
| 其他 | 用贝类或粽叶等盛放料理，营造季节感。可作为特别的食器灵活搭配料理 |

## 5. 各式各样的料理

### （1）料理的分类

说起料理的种类，人们可能会立刻联想到日式（日本料理)、西式（西洋料理)、中式（中华料理）的分类方法。除了这三大类之外，还可以按照不同国家或地区的特色进行划分，例如法国料理，意大利料理（西式料理)，四川料理或广东料理（中华料理）等。

本节首先从三大类料理的特征开始进行说明。

### (2) 日式·西式·中式

日式（日本料理)、西式（西洋料理)、中式（中华料理）的特征如**图表50**所示。我们平时食用最多的是日本料理，在对其展开说明之前，先来看西洋料理和中华料理的具体介绍。

**图表50 各类料理的特征**

| 项目 | 日本料理 | 西洋料理 | 中华料理 |
|---|---|---|---|
| 整体 | 注重美观，用食材的颜色、形状、装盘方式、食器等来体现 | 大量使用肉类，搭配各式香料（香辛料）。香味蔬菜较多 | 注重调味。灵活运用各类丰富的食材 |
| 味道 | 凸显素材本身的味道，口味大多偏于清淡 | 注重各类酱汁的味道。口味偏于浓郁 | 因地而异，口味整体偏重 |
| 烹饪方法·烹饪器具 | 包括煮、焯、蒸等多种烹饪方法，很少用油。生食（鱼虾贝类）较多。菜刀的种类很多。主要用锅烹饪 | 由于肉类食材较多，通常使用平底锅和烤箱烹饪。油的用量较多。蔬菜以生食为主。菜刀的种类较少 | 腌制食品、干燥食品较多，生食较少，经常使用淀粉。用中式炒锅和锅铲就能烹制各式各样的料理。菜刀也仅1种 |
| 食用方法·食器 | 食器种类繁多，漆器独具特色。用一双筷子享用所有的料理。汤类一般不用勺，直接用嘴接触食器 | 使用各色盘子盛放料理，不同的料理搭配不同的刀、叉、勺 | 用大碗盛放料理，再用各自的小碗或小盘分食。用筷子和调羹享用料理 |
| 调味料 | 注重用海带、木鱼花等食材煮制的高汤调味。以酒、盐、酱油、砂糖、味噌为主 | 注重肉酱等各类酱汁，常搭配红酒 | 以盐、酱油、酒为主，也常用大蒜等调味 |

图表51 西洋料理

| 料理名称 | 特色 | 代表性食材、料理、酒类等 |
|---|---|---|
| 法国料理 | 作为宫廷料理发展而来，极富艺术性 | 黄油、面包、蜗牛、酱鹅肝、普罗旺斯鱼汤、红酒、香槟 |
| 意大利料理 | 发祥于古罗马。简单便捷的家庭料理 | 橄榄油、香草、香辛料、番茄酱、意大利面、意大利面丸、生火腿、博洛尼亚香肠、奶酪、红酒 |
| 德国料理 | 朴实合理的家庭料理 | 香肠类、肉类加工食品、土豆、啤酒、红酒 |
| 俄罗斯料理 | 实用性强、营养价值高的料理 | 罗宋汤、俄式油炸包子、小麦、土豆、鲑鱼、鳟鱼、伏特加 |
| 西班牙料理 | 欧洲大米的主产地。刺激性较强的料理居多 | 西班牙海鲜饭、西班牙冷汤、红椒、青椒、辣味香肠、白葡萄酒 |

图表52 中华料理

| 料理名称 | 特色 | 代表性食材、料理、酒类等 |
|---|---|---|
| 北京料理 | 宫廷料理与各地著名料理的一体化。用油较多，味道浓郁。装饰性较强 | 面粉制作的料理比大米更普遍。北京烤鸭 、馒头、面条 |
| 上海料理 | 大米的主产地。部分料理的口味较为清淡。以炖煮类料理为特色 | 东坡肉（猪肉）、上海大闸蟹、甲鱼 |
| 广东料理 | 与外国频繁开展贸易，受西洋料理的影响较大。用油较少，口味清淡 | 食材的烹饪方法极为丰富。高级食材较多。鱼翅、燕窝、早茶、点心 |
| 四川料理 | 为应对严苛自然环境发展而来。调味偏浓郁。注重激发食材的香味 | 海产品较少，农作物丰富，料理中常使用辣椒、山椒、生姜、大蒜、葱、芝麻等配料。辣酱、担担面、辣味芝麻酱 |

### (3) 本膳料理

日本料理的基本菜式由米饭、汤类、主菜、酱菜等 4 类构成。主菜以烤制和煮制的食物为基础，再加上鱼脍（醋拌生鱼肉丝或蔬菜等)，统称为三菜，配上汤类则构成“一汁三菜”，即日本料理的基本形式。

生鲜超市的柜台虽然很难开展“本膳料理”的促销活动，

但我们依然需要了解煮制或烤制等单种菜式，尤其是鱼脍（醋拌凉菜）等传统食物。古往今来，醋的营养价值和杀菌作用等安全性一直为人们所认可。

本膳料理是日本料理中规格较高的正式料理。按照本膳、二膳、三膳、四膳、五膳的顺序依次摆放。汤类与菜品的数量也不断增加，从一汁三菜增加到二汁五菜、二汁七菜等，还会附上酒或日式糕点作为甜点。

### （4）怀石料理与会席料理

怀石料理也被称为“茶怀石”，是在茶会上为客人准备的精致菜肴。过去，日本禅僧在修行过程中，为了抵御饥饿和严寒，将加热过的石头揣在怀中以耐饥寒，后来，人们将用少量食物暂时抵御饥饿的精致饭食称为“怀石料理”。

怀石料理强调食物本身的风味，注重营造季节感。与精进料理（素斋）不同的是，怀石料理可使用鱼或肉等动物性食材入菜。

会席料理的日语发音与怀石料理相同，但二者的差异其实很大。“会席”是指客人们齐聚一堂，婚宴应该可以算作会席料理的代表。宴席上可以把酒言欢，料理通常也为美酒服务。

### （5）精进料理

提到精进料理（素斋），人们往往会联想到寺庙。日语中的

“精进”是佛教教义，意为戒恶扬善。菜式以素食（谷物、蔬菜、海藻）为主，戒美食佳肴。由于佛教禁止杀生的戒律，精进料理不能使用肉或鱼等荤食入菜。

精进料理的特征是灵活运用豆腐、豆腐皮、面筋等打造天然美味。这是家庭料理的基本，日式拌菜、油炸蔬菜、豆腐、豆腐皮、面筋、腌菜等风味独特的京都料理也由此发展而来。

### （6）普茶料理与卓袱料理

普茶料理据说由建立了京都黄檗山万福寺的中国僧人隐元禅师所创，是指法事或佛事结束后，僧人们聚在一起饮茶时所食用的中国风素斋。通常采用季节性蔬菜制作，大量使用植物油或葛粉等食材。普茶料理不讲究一人一膳，而是让大家同坐一桌，用大盘盛放料理，各人再用小碗分食，这一点与上文介绍的日本料理截然不同。

另外，在日本长崎，人们的饮食习惯在中国、荷兰以及葡萄牙的影响之下变得丰富多彩，卓袱料理也由此产生。与普茶料理一样，卓袱料理也是大桌围坐、大碗盛菜，再通过小碗分食享用。“卓袱”在日语中的本意是铺在桌面上的桌布。此外，与精进料理的清淡素雅不同，卓袱料理以鱼类为中心，肉类也频繁入菜，十分丰盛豪华。

## 6. 地方与料理的密切关系

生鲜超市的柜台销售需要较广的知识储备，除了料理的种类之外，了解店铺所在区域的相关知识也很重要。只有弄懂不同地区的食材、烹饪方法、味觉喜好等特点，才能更好地满足顾客需求，打造更完善的销售体系。另外，地方上举办各类仪式・活动时，所需的食材往往容易售罄。为此，我们有必要了解当地的传统料理、烹饪方法、食材或调味料的选择偏好等。

### （1）产地与特产

不同地区的食材、烹饪方法、食物的吃法等往往各不相同。同样的蔬菜或鱼类在不同的地区有不同的吃法，这种情形可谓司空见惯。

就料理而言，思考其与地方的关联时，在地质或气温、降水量或降雪量、海岸线或河川的有无等因素的影响下，所获农作物或鱼虾贝类在品种、产量上的区别通常起决定性作用。在以农耕为主的日本，无论经济或交通如何发达，也有依靠土地勤劳耕作的人，用土地生产的作物制作家庭料理，维系饮食生活。这些便被称为当地的名产或乡土料理。

### (2) 乡土料理

乡土料理是指使用各地区特有的食材，结合各地的生活环境而制作的家庭料理，虽然部分料理仅在值得庆贺的特殊时期（年节庆典等）享用，但大部分乡土料理还是以家庭日常食用为主。具有亲传子、姑传媳等代代相传的特点。

另外，大量丰收的食材不仅可在当季（时令）食用，也可保存下来留待其他时节享用。地方特产以易于保存的干货或腌制品居多，并非日常食用，吃不惯的人或许体会不到其中的风味，谚语说“特产中看不中吃”正是这个道理。

从食材和烹饪方法的角度来看，乡土料理可以分为以下几种：

①使用当地特有食材和当地特有的方法烹制的料理。

②使用一般性食材，用当地特有的方法烹制的料理。

③使用当地特有食材，用一般方法烹制的料理。

### (3) 调味

食材和烹饪方法因地而异，调味方式也是如此，且为气候、风土人情、饮食习惯或身体素质等因素所左右。若要凸显食材本身的风味，料理的调味须得清淡，而在降雪较多或大山环绕的地区，为长期保存食材需要依靠大量的盐或味噌。同样的料理在不同地区经常呈现不同的调味风格，比如天妇罗的蘸料

(粉料)、拉面的汤汁或味道等，各位读者的家乡是哪种风格呢？

### (4) 地产地销

体现地方与食材之间关系的词语有很多，“地产地销”也是其中之一。意思是地方生产的食材由该地区消费。

过去，人们强调“身土不二”，意为“身体与出生的土地合二为一、不可分离，自己生活的地方产出的东西最适合自己的体质，有益健康”。人们所生活的地区与当地生产的食材之间有着千丝万缕的联系，主要体现在地方饮食文化、营养层面以及健康层面。

然而，由于过度追求生活的便捷化，在不知不觉间，我们所摄取的食材不再是当地所产的作物，我们的日常生活与世代相承的地区之间的羁绊也日渐淡化。“地产地销”的理念促使我们重新审视“饮食”与“地方”的关联，系紧二者间的纽带，选择健康的饮食生活，守护传统的饮食文化和丰饶的自然环境，激发地方社会的活力，需要我们进一步予以重视和发扬。

## 7. 膳食解决方案

### (1) 生活方式的变化

随着一站式购物的发展，人们在购物上花费的时间大幅度减少，生活的便利性得到了极大的提高。另外，女性的社会活跃度不断上升，兼职主妇数量增多，希望减少膳食准备时间的需求也随之变大。

为了节省在家中准备膳食的时间，人们对烹饪时间较短的半加工食品、即食加工食品和熟食配菜的需求量也在不断增加。

此外，少子化问题日趋严重，人们的生活方式变得更加多样化，独自用餐的机会增多，家庭用餐成员减少，进一步促进了熟食配菜或便当类食品的销售。

可见，对于生鲜超市而言，以健康和安全为基础，提供各式各样的膳食菜单、即食加工食品以及熟食配菜，满足当前消费者的需求可谓是当务之急。

**（2）膳食解决方案的定义**

“膳食解决方案”一词出现在人们生活中的频率越来越高。膳食的英语为“meal”，解决方案是指“solution”，二者结合起来表示“提供膳食有关问题的解决方案”。

那么，现在顾客们希望解决的膳食问题究竟有哪些呢？这些问题涉及饮食生活的多个方面，例如不知道晚餐该选择哪种菜式，不了解烹饪方法或菜谱，不懂食材的食用方法，没有烹饪器具，不会做饭，没时间做饭，不会辨别食材的新鲜程度，不清楚食材是否安全等。

向顾客提供加工完成的膳食虽然可以在最大程度上解决上述问题，但并不是唯一的方法。从食材的选择到做成料理端上餐桌，甚至即将享用美食之际，均可针对每个环节提出合理建议。例如，向顾客推荐菜谱，备齐相关商品，用POP广告牌等介绍每种食材的烹饪方式或食用方法，也可以选择设置烹饪展台，向顾客实际展示。

此外，顾客对于食品的安全、正宗、健康等方面的意识越来越强，对价格也十分敏感。食品必须保证安全才能放心食用。若商品定价过高，无论其味道多么正宗、所用食材多么有利于健康，顾客也不会轻易购买。

这就要求各个生鲜超市准确把握本店顾客的实际需求，谨慎地提供建议。

# 第 7 章

# 发掘饮食的乐趣

我们的工作是向顾客推荐并销售商品。

不过，单纯的商品销售连自动售卖机也可以完成。

我们在进行商品的推荐与销售时，不能拘泥于将商品售出的简单想法，更重要的是通过提供商品的特性或功效等信息，采取间接（POP 广告牌等）或直接（咨询销售）的方式来“劝说”顾客购买。

这是由于顾客追求的并不是商品，而是购买商品所带来的利益。

我们还必须认识到，当“劝说”的内容符合顾客对促进健康或提高生活品质等方面的期望时，才会持续购买商品。

为此，我们有必要学习各方面的知识，引导顾客发掘饮食的乐趣，围绕顾客的饮食生活提出更合理的建议。

## 1. 美味与乐趣兼备的膳食方案

针对不断多样化的饮食情境（餐桌、就餐场景），精心设计顾客的饮食生活，使之更加愉快、美味及丰富，可以说是我们作为规划师的工作意义所在。

针对顾客多样化的需求（如低价、健康、安全等）和期望，提供高品质的商品，打造供货齐全、安定有序的购物环境，通过开展菜谱推荐等多种形式的促销活动，时刻满足顾客的需求，可谓是我们的工作目的所在。

另外，我们也应认识到，达成上述目的意味着顾客对店铺或企业信任度的提升，最终影响商品的销售额和利润的获取。

从这个角度来看，提供高品质的商品才是根本。

不过，高品质商品并不是指高价商品或高级商品。

举例而言，以下几种商品可以看作高品质商品的代表。

①能让顾客产生让家人品尝等想法，安全、放心的优质商品

②味道、分量、价格等得到顾客本人和同事的认可的商品

③使用安全、精选的素材或原料制造的商品

④加工方法安全可信，不弄虚作假的商品

⑤流通方式合理高效的商品

⑥备选口味较多，能供顾客自由选择的商品

⑦品质与价格相匹配的商品

⑧食用方便，使人心情愉悦的商品

⑨与当地市场或实际行情相符的商品

⑩信息传播性较高的商品

在向顾客推荐这些商品时，饮食生活规划师必须用自己双脚、双眼、嘴巴和耳朵去努力学习商品从制造（包括素材、原

料、采购对象等）到流通的各个环节，反复进行确认，直到获得顾客的认可。

## 2. 灵活运用销售柜台展现食材及时令

日语国语辞典对“时令[①]”一词的解释是“鱼虾贝类或蔬菜·水果等食物风味最佳、产量最多的时期”。

可见，时令包含了两层意思，即“上市量最大的时期”和“风味最佳的时期”。

顾客在购物时也希望买鲜度或口味较好、市场价格低、售价便宜的时令商品。

因此，在向顾客提供此类商品时，不仅要了解各类食材的上市旺季，还需储备商品产地或季节性等各方面的知识，具备鉴别商品的眼光，掌握这些技能才能更好地提供商品。

### （1）时令的“初始”“盛时”“尾声”

时令可以分为“初始”“盛时”“尾声”三个阶段。

**①初始**

初始是指食材刚刚上市的阶段，也可称为“时鲜”。

能让顾客感受到季节性，但价格通常较高。

① 原文为“旬”。

②盛时

盛时是指食材上市数量最多的阶段。

品尝食材原本风味的最佳时期。

③尾声

尾声是指食材上市期即将结束的阶段。

能让顾客感受到时令和食材的变迁。

(2) 食材的时令

常见食材所对应的时令如**图表53、图表54**所示。

(3) 时令感知的淡化

近年来，利用温室大棚等加快培育蔬菜或水果的促成栽培，或反过来推迟果蔬上市时期的抑制栽培等技术十分盛行，鱼虾贝类的养殖也不断发展，导致不清楚食材真正时令的人越来越多，人们对于季节的感知因此逐渐淡化。

不过，将食材原本的时令与饮食生活建议相结合，或许能增强顾客对季节的感知，给生活带来更多的惊喜。

## 3. 健康食品的种类与合理建议

近年来，顾客对于健康的关注度出现不断升高的趋势。

## 图表53 食材的时令

●：盛时 ○：初始或尾声

| 部门 | 季节 | 食材名称 | 1月 | 2月 | 3月 | 4月 | 5月 | 6月 | 7月 | 8月 | 9月 | 10月 | 11月 | 12月 |
|---|---|---|---|---|---|---|---|---|---|---|---|---|---|---|
| 果蔬 | 春 | 竹笋 | | | ● | ● | ● | ● | | | | | | |
| | | 小松菜 | ● | ● | | | | | | | | | | ● |
| | | 干芋 | ● | ● | ● | | | | | | | | | |
| | | 芽甘蓝 | | ● | | | | | | | | | | |
| | | 欧芹 | | ● | ● | | | | | | | | | |
| | | 芥末 | | | ● | ● | | | | | | | | |
| | | 卷心菜 | | | ● | ● | | | | | | | | |
| | | 新土豆 | | | ● | ● | | | | | | | | |
| | | 新洋葱 | | | ● | ● | ● | | | | | | | |
| | | 韭菜 | | | ● | ● | ● | ● | | | | | | |
| | | 甘夏柑 | ○ | ● | ● | | | | | | | | | ○ |
| | | 伊予柑 | | ● | ● | ● | | | | | | | | |
| | 夏 | 蚕豆 | | | | ● | ● | | | | | | | |
| | | 黄瓜 | | | | ● | ● | ● | ● | ● | | | | |
| | | 西红柿 | | | | | | ● | ● | ● | | | | |
| | | 青椒 | | | | | | ● | | | | | | |
| | | 新牛蒡 | | | | | | ● | ● | | | | | |
| | | 莼菜 | | | | | | ● | ● | ● | ● | | | |
| | | 蘘荷 | | | | | | | ● | ● | | | | |
| | | 大蒜 | | | | | | | ● | ● | | | | |
| | | 毛豆 | | | | | | | ● | ● | ● | | | |
| | | 茄子 | | | | | | | | ● | ● | | | |
| | | 秋葵 | | | | | | | | ● | ● | | | |
| | | 西瓜 | | | | | | ○ | ● | ● | | | | |
| | | 桃子 | | | | | | | ● | ● | ● | | | |
| | 秋 | 梨 | | | | | | | | ● | ● | | | |
| | | 生姜 | | | | | | | | ● | ● | | | |
| | | 栗子 | | | | | | | | ● | ● | ● | | |
| | | 松茸 | | | | | | | | | ○ | ● | | |
| | | 莲藕 | | | | | | | | | | ● | | |
| | | 香菇 | | | | | | | | | | | ● | |
| | | 芋头 | | | | | | | | | | | ● | ○ |
| | | 西兰花 | | | | | | | | | | | ● | ● |
| | | 苹果 | | | | | | | | | | | ● | ● |
| | 冬 | 菠菜 | ● | ● | ○ | | | | | | | | | ○ |
| | | 白菜 | ○ | ○ | | | | | | | | | ● | ● |
| | | 葱 | ● | | | | | | | | | | | ● |
| | | 白萝卜 | ● | ● | | | | | | | | | | ● |
| | | 胡萝卜 | ● | | | | | | | | | | | ● |
| | | 家山芋 | ● | | | | | | | | | | | ● |
| | | 茼蒿 | ● | ● | | | | | | | | | | ● |
| | | 蜜柑 | ● | ○ | | | | | | | | ○ | ● | ● |
| | | 草莓 | ● | ● | ○ | ○ | ○ | | | | | | | ● |

## 图表54 食材的时令

●：盛时 ○：初始或尾声

| 部门 | 季节 | 食材名称 | 1月 | 2月 | 3月 | 4月 | 5月 | 6月 | 7月 | 8月 | 9月 | 10月 | 11月 | 12月 |
|---|---|---|---|---|---|---|---|---|---|---|---|---|---|---|
| 鲜鱼 | 春 | 比目鱼 | ○ | ● | ● | | | | | | | ○ | ○ | ○ |
| | | 羊栖菜 | | | ● | ● | | | | | | | | |
| | | 裙带菜 | | | ● | ● | ● | | | | | | | |
| | | 沙丁鱼 | | | ● | ● | ● | | | | | | | |
| | | 樱虾 | | | | ● | | | | | | | | |
| | | 沙丁鱼干 | | | | ● | ● | | | | | | | |
| | 夏 | 海螺 | | ● | ● | ● | ● | | | | | | | |
| | | 鲣鱼 | | | | ○ | ● | | | | ● | ○ | | |
| | | 竹荚鱼 | | | | | ● | ● | ● | | | | | |
| | | 虾蛄 | | | | | ● | ● | | | | | | |
| | | 香鱼 | | | | | | ● | ● | ● | | | | |
| | | 鲍鱼 | | | | | | ● | ● | ● | ● | | | |
| | 秋 | 青花鱼 | | | | | | ○ | ○ | ○ | ● | ● | ○ | ○ |
| | | 秋刀鱼 | | | | | | | | ● | ● | ● | ● | |
| | | 鲑鱼 | | | | | | | | | ● | | | |
| | | 鲑鱼子 | | | | | | | | | | ● | ● | |
| | | 海带 | | | | | | | | | | ● | ● | |
| | 冬 | 蛤蜊 | ● | | | | | | | | | | | ● |
| | | 生牡蛎 | ● | ○ | ○ | | | | | | | | | ● |
| | | 冬鰤鱼 | ● | | | | | | | | | | | ● |
| | | 鳕鱼 | ● | ● | | | | | | | | | | ● |
| 其他 | 春 | | | | | | | | | | | | | |
| | 夏 | 蜂蜜 | | | ● | ● | | | | ● | ● | | | |
| | | 新茶 | | | | ● | ● | ● | | | | | | |
| | | 挂面 | | | | | | | ○ | ○ | ○ | | | |
| | 秋 | 芝麻 | | | | | | | | | ● | ● | | |
| | | 薯条 | ○ | ○ | ○ | ○ | ○ | ○ | ○ | ○ | ○ | ● | ● | ○ |
| | | 纳豆 | | | | | | | | | | ● | | |
| | | 米 | | | | | | | | | | | ● | |
| | | 蒟蒻 | | | | | | | | | | | ● | ● |
| | 冬 | 鱼糕 | | | | | | | | | | | | ● |
| | | 新海苔 | ● | | | | | | | | | | | ● |
| | | 冻豆腐 | ● | ● | | | | | | | | | | |

对此，能够提供合理建议，为促进顾客的健康助力，已然成为销售员必须具备的素质。

从今往后，增加保健类商品相关知识储备，将变得越来越有必要。

健康功能性较强的商品主要有以下几种。

### （1）特殊用途食品

#### ①特殊用途食品的定义

特殊用途食品是指为高血压患者特制的低钠食品、为肾脏疾病患者特制的低蛋白质食品，以及专为婴儿、孕妇、老年人等制造的具有特殊用途的食品，经日本消费者厅长官批准，可在食品包装上注明特殊用途等标识。

#### ②特殊用途食品标志

婴儿适用食品、幼儿适用食品、孕产妇适用食品、患者适用食品，以及其他特殊用途食品应在特殊用途食品标志的分类栏中注明相应的特殊用途。

### ③特殊用途食品的种类

特殊用途食品主要包括以下几种（如图所示）。

（截至2012年10月30日）

<table>
<tr><td rowspan="9">特殊用途食品</td><td rowspan="5">患者专用食品</td><td rowspan="4">许可标准型</td><td>低蛋白质食品</td></tr>
<tr><td>无过敏源食品</td></tr>
<tr><td>无乳糖食品</td></tr>
<tr><td>综合营养食品</td></tr>
<tr><td colspan="2">个别许可型</td></tr>
<tr><td colspan="3">孕产妇、哺乳期女性专用奶粉</td></tr>
<tr><td colspan="3">婴儿专用调制奶粉</td></tr>
<tr><td colspan="3">吞咽困难患者专用食品</td></tr>
<tr><td colspan="3">特殊保健用食品</td></tr>
</table>

根据消费者厅HP制作

## （2）健康辅助食品

随着老龄化社会的到来，人们的健康意识逐渐提高，预防生活习惯病（成人病）、保持身体健康，需要依靠营养均衡的饮食生活。然而，对于奔波劳碌的现代人而言，保持规律的饮食或运动习惯极为困难。

近年来，人们的生活环境发生了很大的改变，大多数人迫于无奈只能选择不健康或营养失衡的饮食。在无法保证营养均衡和规律饮食的情况下，用于补充人体缺失的营养成分或维持健康的食品即为健康辅助食品。

健康辅助食品在法律上没有严格的定义，日本健康·营养食品协会作为食品行业组织之一，针对包括健康食品在内的经协会认定且标注有健康认证JHFA标志的食品，自行将其定义为

“补充营养成分或适用于其他保健用途的食品。以其他保持·促进健康或增强健康管理为目的摄取的食品”，并希望获得官方的认可。

另外，该协会还制定了健康食品的规格标准及其相关认证制度，截至目前（2014 年 4 月），共设置了 65 类健康辅助食品的规格标准。

这 65 类食品不仅要分析规格成分，还要在进一步分析普通细菌或大肠菌的基础上，由医学·营养学专家组建的“健康食品认证审查委员会”对食品的标注内容进行审查后，才能标注“健康认证 JHFA 标志”。

“健康认证 JHFA 标志”可视为健康辅助食品的安全、放心的认定标志。

＊标注“健康认证 JHFA 标志”的食品种类

①蛋白质类

②脂肪类

③糖类

④维生素类

⑤矿物质类

⑥发酵微生物类

⑦藻类

⑧菌类

⑨香草等植物成分

⑩蜂产品类

⑪其他

### (3) 营养功能食品

2001 年 4 月，日本开始实施新的“保健功能食品制度”。

新设置的“特定保健用食品”与“营养功能食品”也被列入保健功能食品制度的法律范畴之内。

图表55 营养功能食品

| | 保健功能食品 | | |
|---|---|---|---|
| 医药品（含准药品） | 特定保健用食品（个别许可型） | 营养功能食品（规格标准型） | 一般食品（含健康食品） |

目前，允许 12 种维生素和 5 种矿物质使用营养功能食品的标识，且在满足一定的条件时允许作为营养功能食品进行广告宣传。

12 种维生素分别为维生素 A、D、E（脂溶性维生素：3 类），以及维生素 $B_1$、$B_2$、$B_6$、$B_{12}$、烟酸、叶酸、生物素、泛酸、维生素 C（水溶性维生素：9 类）。

5 类矿物质分别为锌、钙、铁、铜、镁。

### （4）特定保健用食品

#### ①特定保健用食品的定义

特定保健用食品是指含有影响人体生理学功能等保健功能成分的食品，例如有助于维持血压、血液中胆固醇等的正常稳定或调解肠胃功能等，需注明特定的保健用途。

国家允许特定保健用食品注明保健用途或效果，如“本品含有××，适合高血压患者食用”等，主要用于维持、促进人体健康以及特定的保健作用。

此外，为了方便消费者正确地选择商品，食品包装上通常需注明“许可标志”或有助于健康的内容（“保健用途”“摄入量”“注意事项”等）。

许可标志

#### ②不断增加的许可数量

随着人们健康意识的不断提高，自 1991 年开始实施特定保健用食品制度以来，其市场规模年年攀升。

以饮料类商品为主的杂货类食品为中心，特定保健用食品的种类还扩展至点心、日配食品等商品，其类别和品种越来越丰富，商品数量也逐年增加，已达 1071 种（截至 2013 年 7 月）。

#### ③尤其需要积累知识的部门负责人

**图表 56** 为特定保健用食品在不同食品部门的产品结构。

以饮料类商品为主的杂货类食品为中心，点心、日配、精肉、熟食配菜等食品部门的负责人需要管理的商品种类较多，尤其需要掌握特定保健用食品的相关知识。

**图表56　特定保健用食品在不同部门的产品结构**

| 杂货类 | | 点心 | 日配 | 精肉 |
|---|---|---|---|---|
| 清凉饮料 | 食用烹饪油 | 糖果 | 鱼糕 | 火腿类 |
| 清凉饮料粉 | 调味醋 | 糖果片 | 调制豆乳 | 肉饼 |
| 绿茶清凉饮料 | 调味料 | 果冻 | 豆乳饮料 | 香肠类 |
| 果冻饮料 | 拌饭粉料 | 果冻粉 | 豆腐 | |
| 碳酸饮料 | 粉末 | 口香糖 | 纳豆 | |
| 茶类饮料 | 颗粒 | 烤米粉片 | 乳饮料 | |
| 茶类饮料（茶包） | 即食米粥 | 饼干类 | 乳酸菌饮料 | |
| 水果·蔬菜饮料 | 即食菜汤 | 巧克力 | 发酵乳 | **熟食配菜** |
| 水果饮料 | 干面 | 曲奇饼 | 发酵豆乳 | 配菜（肉丸） |
| 水果着色碳酸饮料 | 方便面 | | 人造黄油 | |
| 果汁饮料 | 酱油 | | 食用涂脂 | |
| 粉末饮料 | 糖浆腌菜 | | 烤竹轮 | |
| 咖啡饮料 | 即食味噌汤 | | 鱼肉肠 | |
| 果冻粉饮料 | 米饭类（白饭） | | 冷冻发酵乳（冷冻酸奶） | |
| 谷物 | 米饭类（米粥） | | 面包 | |
| 餐桌甜味剂 | | | | |

### ④自我用药的影响

除了特定保健用食品种类的增加，近年来人们对自我用药的关注度也在提高，加之老龄化加剧和医疗负担增加等因素的影响，人们对于重新审视日常饮食生活和生活习惯，维持自我健康管理的意识在不断增强。

### ⑤商品揽客方式的变化

过去，特定保健用食品主要围绕以下两种形式陈列商品吸引顾客。

·将特定保健用食品与同一主题的相关商品组合陈列，利

用端架、平面货架等联合其他商品开展店内促销，吸引顾客

·在主力卖场内通过使用场景演绎、推荐菜单等方式与关联性较高的食品进行关联陈列，吸引顾客

不过，在以下几方面因素的影响下，越来越多的店铺选择设置独立柜台来促进特定保健用食品的销售。

·自我用药意识的提高

·在电视节目或广告、杂志等媒体的宣传下，商品知名度提高，定期购买的消费者逐渐增加

·获得特定保健用食品认证的商品类别与品种大量增加

今后，在向顾客推荐商品时，针对特定保健用食品的卖场陈列，除了使用固定端架陈列畅销品项进行单独销售外，还可在相同类别的主力卖场内，划分独立区域陈设部分畅销商品或新商品，利用多种陈列方式吸引顾客。

## 4. 不同饮食场景对应的建议型促销

### （1）四季庆典、仪式·活动对应的料理与食材

日本四季分明，季节的转换与料理之间有着千丝万缕的联系。

不同的季节会举办不同的庆典、仪式或活动，这些生活中的大事也与料理密切相关。

另外，地方特有的料理被称为乡土料理，诞生于当地特有的生活习惯或风土文化中，大多数为代代传承的传统料理。

而且，相同的料理所用的食材也会因地而异。

然而，以年轻的消费者为中心，这些传统料理正逐年被人们淡忘。

为此，了解四季庆典、仪式或活动对应的料理、食材，熟悉当地的饮食文化，在为顾客推荐这些传统料理时，就能发挥很大的作用。以这些知识为基础，及时推出相应的菜单和相关商品，无疑能有效地吸引顾客。

**图表 57** 对日本各地的乡土料理进行了归纳。

作为饮食生活规划师，除了日常的膳食方案和上述四季庆典、仪式·活动相应的传统料理菜单外，为了使顾客的饮食生活更加丰富多彩，也可以加大地方料理的介绍和销售力度。

总之，掌握各类地方料理相关的知识或信息极为重要。

### (2) 捕捉季节与生活的变化

顾客的需求每天都在发生变化。

以 1 月份为例，元旦要吃年节菜或年糕菜汤，7 日吃用七种蔬菜制成的七草粥[①]，成人节要举行庆祝派对，根据季节和岁月

① 七草粥：用七种不同的植物熬制而成的粥。这七种植物分别是芹菜、荠菜、鼠曲草、繁缕、稻槎菜、蔓菁和萝卜。

## 图表57　各地的乡土料理

| 地区 | 乡土料理 | 地区 | 乡土料理 |
| --- | --- | --- | --- |
| 北海道 | 成吉思汗烤肉、石狩锅、冷冻鱼肉刺身、鲑鱼铁板干烧 | 滋贺 | 鲫鱼寿司、腌萝卜杂鱼汤、凉拌濑田蚬贝 |
| 青森 | 蔬菜汤、山药疙瘩汤、杂拌汤 | 京都 | 海鳗料理、鳗鱼茶拌饭、豆腐饭、竹笋田乐 |
| 岩手 | 冷面、红糖蒸糕、蜂斗菜味噌饼、芋头汤 | 大阪 | 章鱼烧、蒸小田卷、樱饼 |
| 宫城 | 毛豆麻糬、牛舌、鲑鱼子盖饭、什锦素面 | 兵库 | 炖煮玉筋鱼、明石烧、牛肉饭 |
| 秋田 | 烤米棒、米粉点心、莼菜 | 奈良 | 柿叶寿司、茶饭、蕨菜糕 |
| 福岛 | 胡萝卜鱿鱼丝、干菜汤、山椒腌鲱鱼 | 和歌山 | 高菜寿司、秋刀鱼寿司 |
| 山形 | 芋头锅、纳豆汁、山菜糯米小豆饭 | 鸟取 | 油豆腐蔬菜饭、大山糯米小豆饭 |
| 茨城 | 安康鱼锅、萝卜干纳豆 | 岛根 | 出云荞麦面、箱寿司、豆腐饭、油豆腐包饭 |
| 栃木 | 下野家例、堂兄煮 | 冈山 | 祭典寿司、饭借寿司 |
| 群马 | 烤馒头、什锦刀削面 | 广岛 | 牡蛎土锅炖、海军土豆炖牛肉、章鱼饭 |
| 埼玉 | 行田煎饼、黄金饭、赤豆馒头 | 山口 | 岩国寿司、堂兄煮、荞麦粉乱炖、瓦片荞麦面 |
| 千叶 | 拍松鱼肉、鱼肉烤饼、盐腌秋刀鱼、鲣鱼饭 | 德岛 | 荞麦米杂煮、大锅乌冬面 |
| 东京 | 文字烧、祭典稻荷寿司、深川盖浇饭 | 香川 | 赞岐乌冬面、酱油大豆、酱拌乌冬面 |
| 神奈川 | 蔬菜豆腐杂煮、沙丁鱼盖饭、生马面 | 爱媛 | 鲷鱼饭、鲷鱼面、福面 |
| 新潟 | 浓饼汁、生姜味噌烤饭团、咸烤鲑鱼 | 高知 | 皿钵料理、乱炖、半熟鲣鱼 |
| 富山 | 堂兄煮、凉拌什锦蔬菜、芜菁寿司、白萝卜煮鰤鱼 | 福冈 | 鸡肉炖菜、久留米拉面、博多杂煮 |
| 石川 | 治部煮、鳐鱼茶拌饭、海带凉粉、茄子挂面 | 佐贺 | 鲫鱼海带卷、蒲烧弹涂鱼、鲫鱼海带炖菜 |
| 福井 | 萝卜泥荞麦面、咸鲜青鱼、滨烧青花鱼、什锦酱汤 | 长崎 | 长崎什锦烩面、鲷鱼茶泡饭、大村寿司、什锦杂煮 |
| 山梨 | 馎饦面 | 熊本 | 无盐寿司、红薯丸子、芥末莲藕 |
| 长野 | 竹叶寿司、韭菜仙贝、炒肉面、生煎荞麦包 | 大分 | 味噌丸子汤、豆粉丸子、黄饭 |
| 岐阜 | 五平饼、朴叶味噌、蜂蛹饭、盐烤鲇鱼 | 宫崎 | 味噌冷汤、南蛮鸡块 |
| 静冈 | 鱼生料理、鳗鱼饭、山药泥 | 鹿儿岛 | 炸猪排、鸡饭、红薯馒头 |
| 爱知 | 味噌煮乌冬面、味噌猪排、鳗鱼饭 | 冲绳 | 苦瓜什锦小炒、冲绳红烧肉、冲绳荞麦面 |
| 三重 | 手握寿司、伊势乌冬面、鱼饭、鱼生料理 | | |

的变迁，人们过着丰富的生活。

顾客则根据不同的时节购买所需的商品。

不过，顾客未必会购买各个年节所需的所有商品。

原因可能在于顾客忘记购买，或家中的冰箱内已经储备。

另外，有些商品能让顾客的日常生活更加充实或丰富多彩，给生活带来更多的乐趣。

这意味着要提醒顾客及时购买，提供让顾客的生活更加丰富充实的建议，关键在于仔细研究顾客的生活和饮食场景，探寻顾客的需求与期望，及时提供合理建议。

按照提供给顾客的生活或饮食规划，从中找出顾客需求关键词，将相关商品进行组合陈列，可以有效地发挥促销效果。

尤其是跨部门组合陈列相关商品吸引顾客的交叉 MD（推销规划），能够进一步提高生活、饮食规划的表现力和商品销量，对今天的食品零售业而言，可以说是极为有效的推销方法。

### （3）在生活、饮食规划中引入新商品

层出不穷的新商品能够提供新信息，使生活规划更加丰富、充实。

因此，积极发挥新商品的作用，能使顾客的生活或饮食规划进一步向外扩展。

作为饮食生活规划师，导入实物场景展示的试吃・试饮销售活动，利用POP广告对商品进行详细解说，是提供生活或饮食规划时不可或缺的重要措施。

# 第 8 章

# 打造魅力卖场

## 1. 强化商品展示

### (1) 利用 POP 广告吸引顾客

POP 的意思是“售点广告”。

事实上，以生鲜超市为代表的零售业店铺通常采取自助式服务，员工与顾客之间的对话极少。

因此一直以来，POP 广告也被喻为“沉默的销售者”“无言的推销员”。

POP 广告通过文字或插图等，在顾客选择商品时，能够代替员工提供顾客希望了解的信息，加强商品与顾客之间的交流，是极其重要的促销手段之一。

POP 广告的内容关键在于体现“想要传达给顾客的信息”和“顾客希望了解的信息”。

其基本内容具体如下。

· 商品名称等文字或数字

· 尺寸、大小（规格）、单价

· 使用方法、保存方法、制作方法、食用方法等建议，素材、口味或品质等内容，提炼商品卖点，用精练易懂的语言说明商品主要特征

### (2) 顾客的购买行动与 POP 广告的作用

POP 广告与顾客的购买行动密切相关，根据其行动的差异，

使用的 POP 广告种类也有所不同。

店内 POP 广告发挥的作用与顾客购买行动之间的关系如**图表 58** 所示。

**①在顾客的“观看行为”中 POP 广告应强调的要点**

· 愉悦性、趣味性、舒适性

· 新奇性、意外性

· 记忆性（吸引顾客注意的词句）

· 流行性、新颖性

· 社会性（安全性、无害性）

· 功能性（商品性能）

· 独特性（与常规商品的区别）

**②在顾客的“购买行为”中 POP 广告应强调的要点**

· 对商品价格的理解与劝导

· 对商品品质的理解与劝导

· 便于比较

· 购买时机的劝导

· 烹饪方法的说明

· 购买（入手）的好处

· 站在顾客立场的说明

**③不同情境下 POP 广告的作用**

· 强化引导，使顾客进入卖场

· 使顾客靠近卖场或商品

图表58　顾客的购买行动与POP广告的作用

| | 观看行为 | | | 购买行为 | |
|---|---|---|---|---|---|
| 购买行动 | ①注意并意识到卖场 → | ②走近感兴趣的卖场 → | ③联想生活场景并注意到商品 → | ④唤起购买欲，一边比较一边挑选商品 → | ⑤得出结论，确定商品，或决定购买商品 |
| POP广告的作用 | ①强化引导促使顾客进入卖场 → | ②引导走向卖场或商品 → | ③吸引顾客注意到商品 → | ④明确商品选择的标准，诱导顾客做出购买决策 → | ⑤决定购买商品 |
| 最佳POP | ・柜台展板<br>・看板型POP<br>・大型POP<br>・围布型POP<br>・圆柱（柱型）POP<br>・长条型（带状）POP → | ・展板型POP<br>・主题看板<br>・地板（地面型）POP<br>・底部（下方）POP<br>・线型（隔板边缘型）POP<br>・斜角（倾斜型）POP → | ・摇摆牌<br>・规格或含量标注POP<br>海报<br>・延伸型（突出型）POP<br>・箭头型（矢状）POP<br>・摇摆型（摆动型）POP → | ・广告折页<br>・展示牌<br>・商品说明卡<br>・Q&A型POP → | ・标价牌<br>・标注常规售价的POP |
| POP揽客距离 | 3 m～5 m → | 2 m～3 m → | 1 m～2 m → | 1 m以内 → | 正前方 |

· 吸引顾客注意到商品

· 明确商品选择标准，诱导顾客做出购买决策

· 促使顾客购买

**（3）POP 的种类**

针对顾客各个阶段的购买行动，考虑到顾客心理、顾客与卖场之间的距离等因素，采用以下 POP 广告能取得最佳的促销效果。

**①注意并意识到卖场……引导顾客进入卖场**

**看板型 POP**

看板型 POP 通常利用货架、冷柜最上层或头顶的空间进行设置，以板状、具有立体感的材料为主。用于强调季节感、菜单推荐、新鲜度，以及特定区域的展示等。

使用看板型 POP 需要考虑展板的装设位置、大小、颜色等，注意整体的空间平衡，并充分考虑展板背面的设计，如颜色或花纹等。

## 围布型 POP

围布型 POP 也被称为“缠带”，一般缠绕在货架、端架或花车货架的底部，提高顾客对卖场的关注度。需要注意的是，围布设计不可过于华丽或抢眼，选择与商品相得益彰的颜色。

另外，由于围布型 POP 大多设置在货架或端架的底层，要注意保持清洁，定期进行更换。

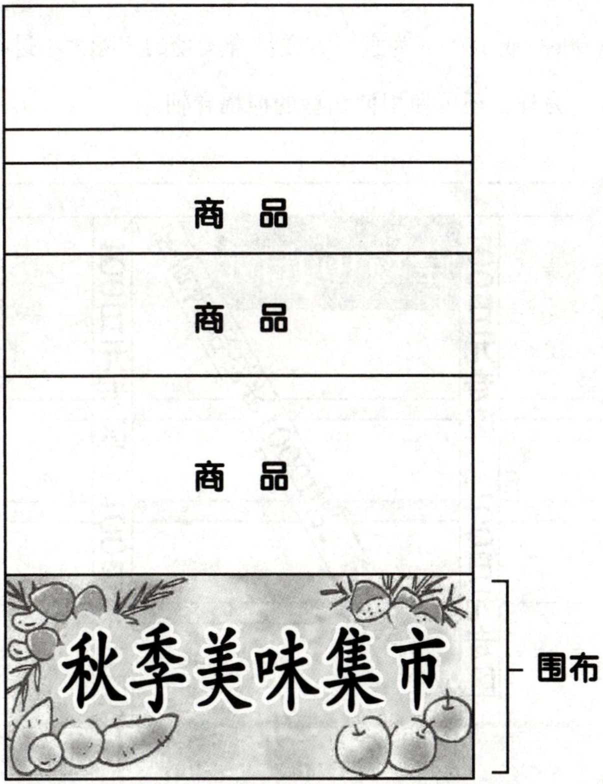

## 长条型（带状）POP

这种细长条形的 POP 广告能够提高卖场吸引力，引导顾客靠近。一般用于宣传对制作方法、产地等颇有讲究的商品，或突出以全场打折等价格、菜单、品种为主题的特定销售区域的存在感，吸引顾客的注意。

带状 POP 可以根据卖场的大小灵活进行剪切或粘贴。为了不影响顾客查看或挑选商品，POP 的宽度以 5cm ~ 10cm 为宜，长度以 90cm 或 180cm 为宜，方便结合卖场的实际大小进行剪切或粘合。另外，还可使用伸缩型的横幅卷轴等。

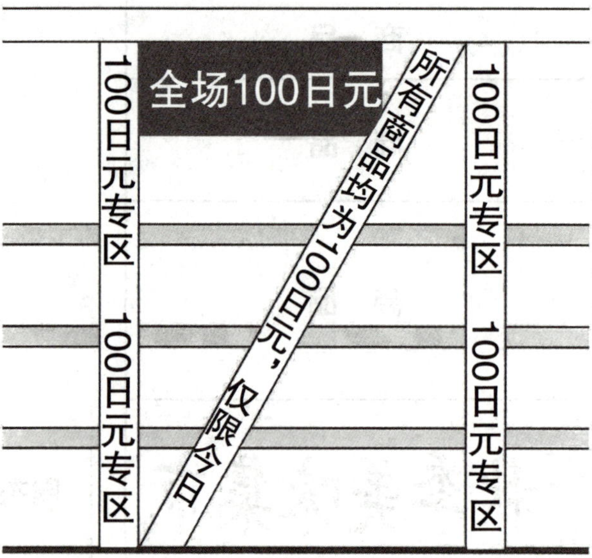

### ②激发顾客兴趣，吸引顾客走进卖场……靠近卖场或商品

#### 展板型 POP

展板型 POP 属于板状 POP 的一种，包括设置在货架、端架或必需品货架最上层的看板型 POP，以及绘有体现商品特性的插图或文字的展板等。也可以用来强调商品的季节感、各式料理菜单、商品的比较区别等详细内容。

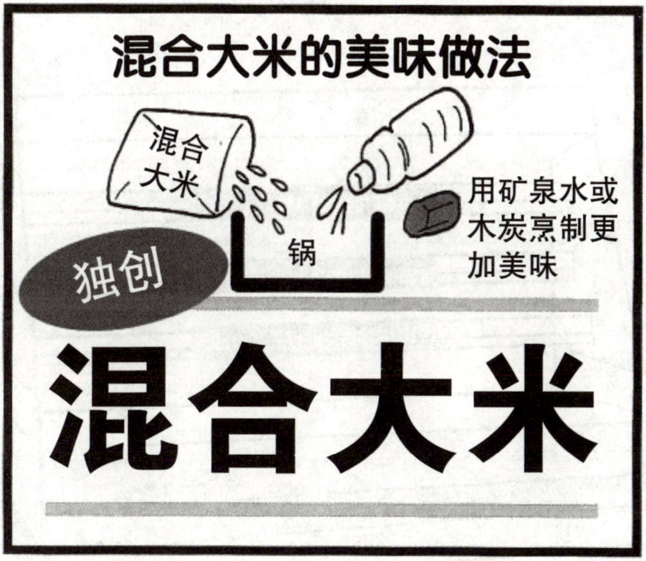

## 线型（线状）POP

线型 POP 利用目标商品的货架置物板或隔板等空间进行设置，使商品分区更加明确，且不会妨碍商品的陈设和展示，能有效引导顾客靠近卖场或商品。

以所有商品均××折促销、全场 100 日元、刺身拼盘等为主题，围绕该主题进行多种商品的组合陈列促销时，线型 POP 也能起到很好的宣传效果。

※ 即线型（线状）POP

### ③使顾客联想起生活场景并注意到商品……被商品吸引

**摇摆牌**

摇摆牌是指装设在货架或冷柜隔板等位置的摆动型促销牌。能够进一步吸引顾客的注意力，突出新产品或更新商品时，摇摆牌的宣传效果比一般的POP广告更明显，多用于厂家推广等促销活动。摇摆牌在显眼醒目方面虽然表现突出，但对商品的取放有一定的影响，使用时需要注意。

### 箭头型（矢状）POP

这种 POP 形状为箭头形，能够明确指示商品的位置，能够有效引导顾客接近卖场或商品。希望突显主打商品的位置时，可在卖场入口处按照顾客移动的路线设置箭头型 POP。向顾客提示商品的销售区域时，为方便顾客在移动时查看，最好以商品的展示区域（140cm～160cm）为中心，在存货区域（160cm～180cm）设置 POP。另外，在氛围营造区域（180cm～220cm）设置箭头型 POP 需要借助安装工具。

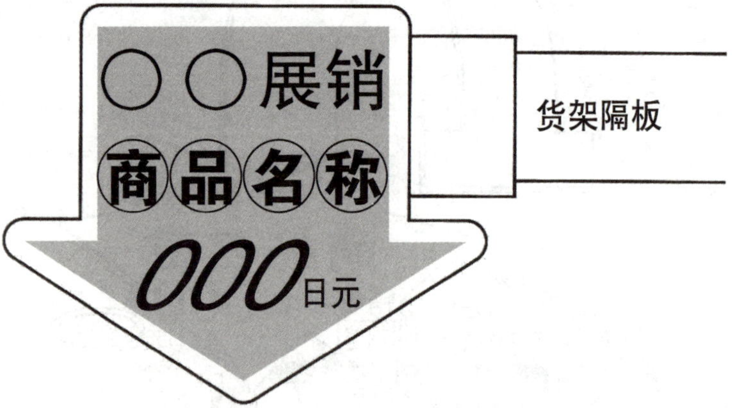

**④唤起顾客的购买欲，一边比较一边挑选商品……明确商品选择标准，诱导顾客做出购买决策**

## 广告折页

广告折页（leaflet）大多被译为“广告传单”，不过在日本，广告折页通常指提供商品或料理信息的迷你宣传册等印刷品。一般由厂商提供，今后的使用频度还将进一步提高。

需要注意的是，使用广告折页时不能遮挡商品的标价牌，同时要做好内容的补充完善。

广告折页固定架可以设置在商品附近，但要选择合适的尺寸，避免影响商品的展示或遮挡标价牌。作为改善措施之一，可将标价牌设置在广告折页前面。

## 展示牌

除了价格外，商品的特征、使用方法等均可通过文字、插图、照片等形式用展示牌进行说明。展示牌可以收集料理杂志、美食节目、食品制造商提供的建议或网页上的各类信息，并传达给顾客。还可以对顾客就美食场景或烹饪场景提出的疑问进行解答或提供建议，加强与顾客之间的交流互动。

展示牌在明确商品选择标准、诱导顾客做出购买决策上也能发挥重要作用。

特别是在新商品、注重制作方法、原料等环节的商品，功能性商品、保健类商品、新核心商品的宣传上，展示牌能够有效凸显不同于其他商品的特性。

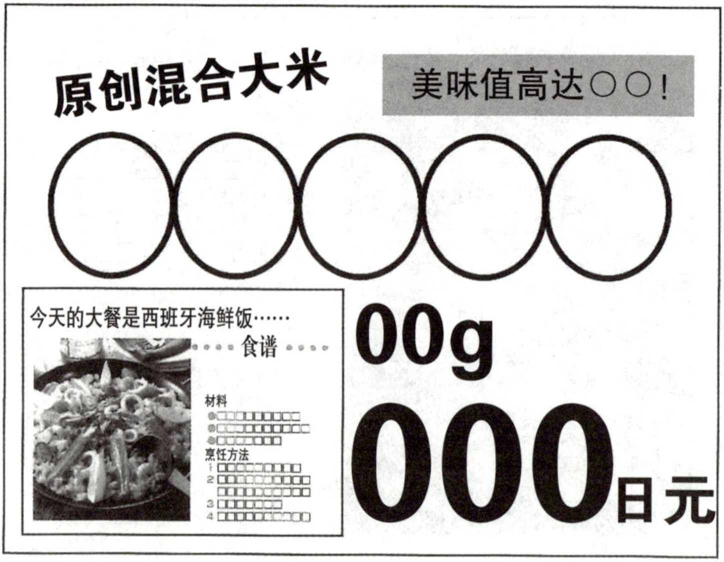

**⑤促使顾客做出购买商品的决定……决定购买**

## 标价牌

标价牌是指设置在货架隔板上，标注了商品售价、名称以及下单时使用的条形码等内容的卡片。其关键在于商品名称和价格的字号大小要方便顾客查看。一般来说，价格的字号设计通常比商品名称略大一些。

标价牌是提供商品保证、给予顾客安心感以及促进商品销售的基本工具。

要使饮食建议行之有效，提高相关商品的销售额，还必须掌握卖场、商品陈列、商品展示等基础知识。

## 2. 认识卖场

### （1）卖场的结构

在卖场内进行商品的补充陈列等操作时，顾客可能会向我们询问想要购买的商品的具体位置。

因此，了解商品的配置是我们认识卖场需要迈出的第一步。另外，了解卖场的结构，还能向顾客提供更加有效的饮食生活建议。

**①磁石（磁力）卖场·柜台**

顾名思义，“磁石卖场·磁石柜台”是指能够牢牢吸引顾客，比周围更醒目、更富于魅力的卖场或柜台。

将商品购买率较高的磁石卖场合理分布在超市的各个场所，诱导顾客逛遍店内的各个角落，能够有效提高顾客的商品购买率。

一般来说，顾客的移动路线越长，商品的销售额越高。

另外，磁石卖场还发挥着利用展示效果调动顾客情绪，让顾客产生兴奋、愉悦的心情的重要作用。

**图表59**为某一家生鲜超市磁石卖场的示意图。

图表59　某一家生鲜超市磁石卖场的示意图

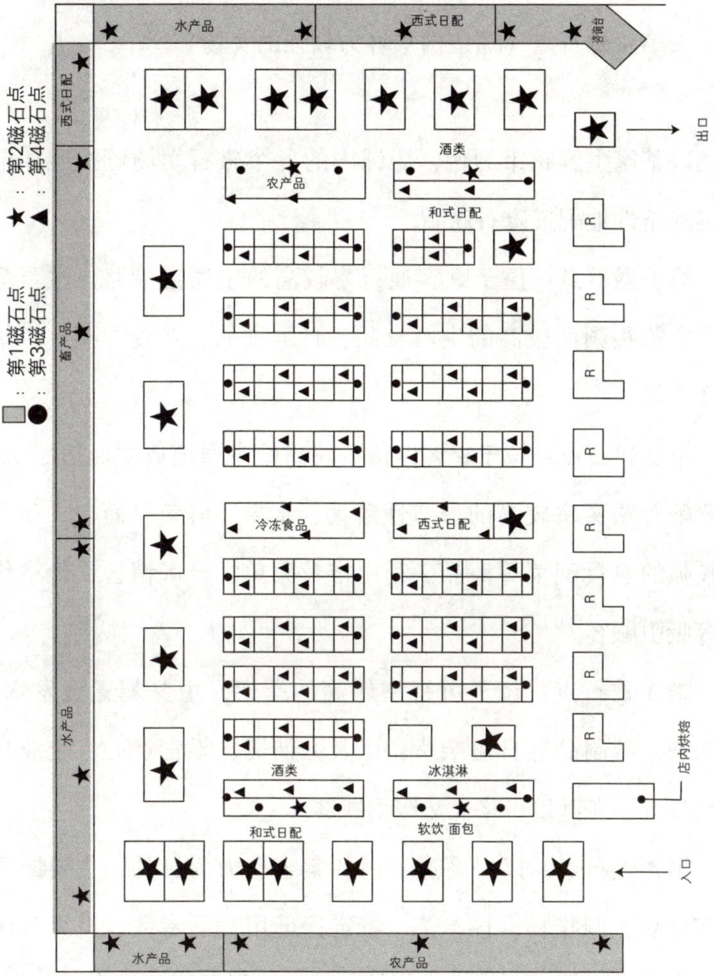


打造磁石卖场通常需要从以下几个方面来考虑。

· 第 1 磁石点（主通道沿路）

· 第 2 磁石点（主通道尽头等）

·第 3 磁石点（货架及收银台前的端架）

·第 4 磁石点（通道内集客力较强的卖场）

以某家生鲜超市为例，店铺内的各个磁石卖场可按照如下方案战略性地配置磁石商品。

第 1 磁石点：位于顾客通行率较高的主通道沿路，主要配置顾客购买频度较高的生鲜食品、日配食品、熟食配菜、烘焙类商品等。

第 2 磁石点：位于顾客停留率较高的主通道或主通道尽头，主要配置购买率较高的季节性蔬菜、水果、鲜鱼、面包、季节感较强的熟食配菜等商品，利用推荐菜单、分区销售、价格优势等吸引顾客。

第 3 磁石点：位于可视率较高的端架，主要配置洗发水、洗涤剂、纸制品等日用杂货，以及方便面、零食点心、企业自有商品等，尤其以价格优势吸引顾客。

第 4 磁石点：以提高通道内的集客能力为目的，主要配置冷冻食品、调味料、日本茶、特定保健用食品专区、世界各国进口食品专区等，在价格优势的基础上，以健康、安全、放心、趣味性等吸引顾客。

**②卖场的种类**

店内的卖场大致可以分为常规卖场和量贩卖场两种。

●常规卖场

a. 常规卖场的定义

常规卖场是指以大多数顾客选择购买的商品为中心，在季节或月份等一定的时期内，按照“品种>路线>等级”的顺序形成商品结构，使各类商品之间存在一定的关联性，陈列在同一场所内的卖场。

简而言之，常规卖场以生活必需品的配置为中心，为顾客日常生活提供不可或缺的商品保障。

从店铺的立场来看，常规卖场能够保证一定量的商品销售额和利润，构成了商品销量的基础。

其吸引力的大小由商品的陈列面（展示）数量决定。

b. 常规卖场的商品特性与常规卖场促销活动的基本

常规卖场的商品特性决定了其在卖场中的地位，大致可以划分为常规商品、量贩商品和关联商品。

· 量贩商品主要配置 NB 制造商产品[①]等商品认知度较高或顾客购买率较高的商品

· 常规商品重视备货品种的丰富性，结合季节的变化或不同的就餐场景，重点配置使顾客的餐桌或烹饪更富于多样化的

① NB 是 National Brand 的简称，指全国性品牌。

主力商品或季节性商品，即使顾客的购买率不高，也是常规卖场不可或缺的商品结构之一

·关联商品则通常配置强调饮食或烹饪多样性，使顾客的饮食生活更加丰富多彩的商品

通过这种展示形式，能使顾客在挑选目标商品的同时，将目光转移到关注度较高的量贩商品以及关联商品上，意识到关联商品后产生就餐场景或烹饪场景的联想，从而提高顾客对陈设在周围的常规商品或主推（主打）商品的购买动机。

在这种相乘作用的影响下，量贩商品、常规商品和关联商品的销量均能同时得到提升，顾客购买数量的增加能够进一步提高常规卖场的空间利用率。

●量贩卖场

量贩卖场的代表为端架、冷藏展柜的最下层、地堆 & 平面促销展台。

a. 货架端架

货架端架是指位于每列货架两端的侧面空间。

端架属于第 3 磁石点，作为提高①商品可视率、②顾客停留率、③购买率的重要手段，能够引导顾客逛完卖场的每个角落，与周围的卖场相比，端架更能展现商品的魅力，时刻吸引顾客的注意，可谓是具有战略性意义的卖场。

正因为如此，端架必须配置彰显店铺（企业）方针、主张、特征的优质商品，成为以调动顾客兴奋情绪为核心的卖场。

〇端架适宜陈列的商品

端架的商品陈列要以醒目抢眼为出发点，以配置下述商品为宜。

· 购买频率高的商品……NB（全国性品牌）商品、传单广告商品、店内促销商品等

· 重点商品……自有品牌商品或主推商品等

· 囤货购买的商品……罐头、基础调味料、瓶装食品等

· 认知度较高的商品……NB 商品、电视 CM 反复播放的商品

· 随手购买的商品……100 日元罐头等价格低廉、让顾客感觉实惠的商品

· 季节性商品……挂面、面条蘸酱、火锅汤底、年糕、瓶装糖煮栗子等

· 打折商品……传单广告商品、店内促销商品、限时优惠商品等

此外，货架端架如**图表 60** 所示，可细分为主通道内侧端架、正面端架、中间通道端架以及收银台前端架等。

**图表60　端架分类**

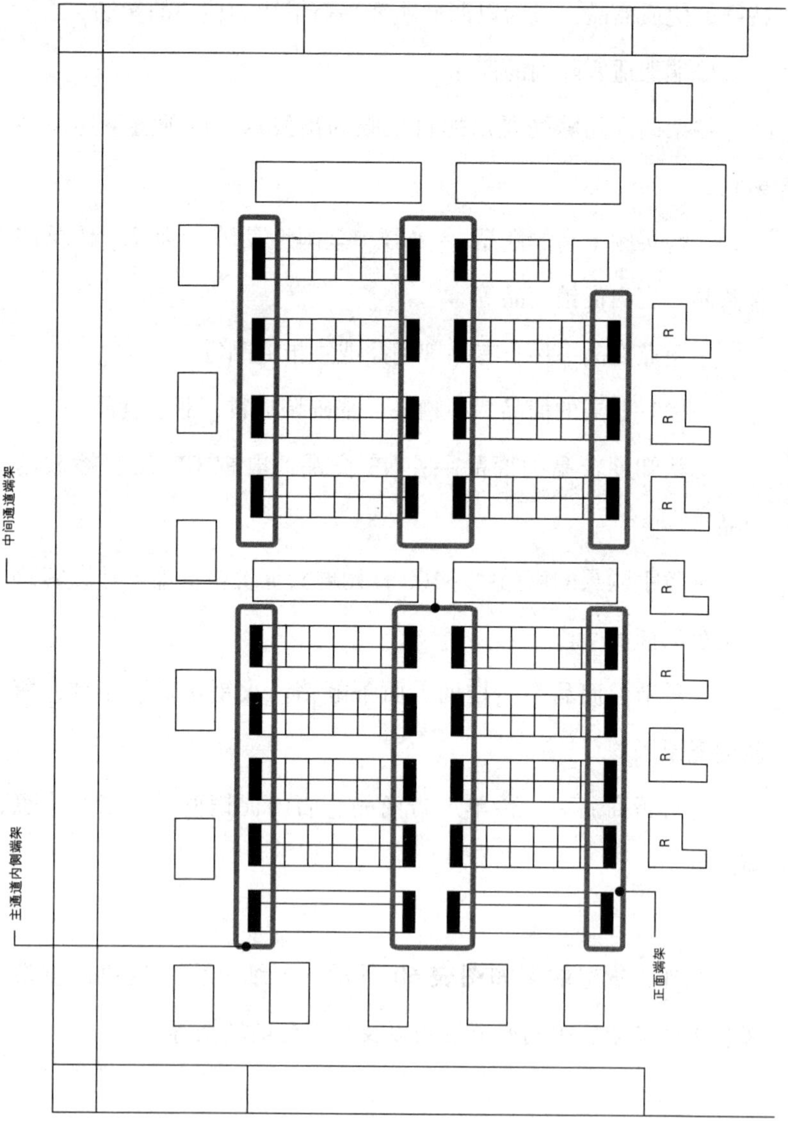

○背面端架

主通道深处的背面端架在一般情况下通常面向生鲜食品卖场。

将壁面的生鲜卖场作为磁石点吸引顾客时，背面端架的客流量虽然很大，但实际的停留率不高。因此，陈设调味料等顾客购买频率较高的商品或具有价格优势的商品更为有效。

另外，背面端架还可有意识地陈设生鲜食品的关联商品，例如在精肉柜台对面的端架上配置香料、烤肉酱、咖喱粉或炖菜调味包等；在鲜鱼柜台附近的端架上摆放奶酪芥末、酱油、天妇罗粉包等；在蔬果柜台周边的端架上陈设蟹肉罐头、蛋黄酱、色拉调料、腌制调味料等关联商品。

○正面端架

收银台前面的端架适合用来大量陈列或展示富于活力的季节性商品、折扣商品、重量商品、大型商品以及仪式活动类商品。

另外，由于正面端架靠近收银台，具有较强的销售力，也可用来陈列促使顾客冲动消费的囤货商品、点心类、容量小且单价低廉的小商品。收银台的开放位置不同，畅销区域也会发生改变，这一点需要注意。

○中心端架

中心端架的商品配置主要以绿茶等嗜好品或大米等购买目的明确的商品为中心，外加儿童喜爱的点心类或仪式活动类商品。

不过，若背面端架的商品吸引力较强，或货架过高导致副通道较为狭窄时，中心端架的揽客功能也会随之降低，需要在陈列设计上下功夫，例如将端架向外突出等。

○收银台前端架

收银台前的端架客流量较大，适合摆放促使顾客联想购买或冲动购买的垃圾袋、电池类等非食用商品，或点心类、容量小且单价低的小商品等。

b. 地堆 & 平面促销展台

· 地堆

地堆也可称为“岛型陈列”，是指在通道中央设置商品陈列区域，在环绕店铺的主通道上布置的、如小岛一般的卖场。

○陈列效果

岛型陈列能使顾客的目光自上而下移动，注意到所有商品，从而有效提高购买率。另外，与端架相比，岛型陈列的地堆具有更强大的集客力，适合开展由单一商品组成的量贩式促销。

图表61　岛型陈列的基本样式

・平面促销展台

平面展台陈列属于岛型陈列的一种。

具体是指使用冷藏平面展台或常温展台，在通道中央进行岛型陈列。平面展台便于进行商品补充和大量陈列，因此适合配置广告商品或具有价格优势的商品。

陈列样式除了一般陈列外，通常还使用阶梯式陈列、倾斜式（斜形）陈列、半圆式（扇形）陈列等样式。

○陈列效果

平面展台陈列的位置较低，顾客可一目了然地查看商品，并立刻做出选择。商品的种类与价格十分明确，因此可将平面展台打造为季节性卖场，配置季节性商品，或利用冷柜推出生鲜食品。

**（2）陈列的基本**

**①陈列是促销技巧之一**

陈列作为重要的促销手段之一，能在优先考虑顾客对商品价值和满意度需求的同时，以商品策略或促销活动为基础，积极收集顾客需求等信息，并持续性研究商品的内容，促进商品销售。

也就是说，我们必须认识到商品陈列是重要的促销手段之一，根据不同商品的特征合理进行陈列极其重要。

陈列不仅是提高商品展示效果和吸引力的重要手段，还能准确把握顾客的购买心理，引导顾客的需求和期望并予以满足，提高顾客对店铺的信任度。

不过，任何陈列方式都不能让顾客感觉到危险。商品陈列必须确保高度的稳定性，便于查看、容易取放，自助型店铺还需考虑还原商品的便捷性。

## 前进立体式陈列（Face Up）

前进立体式陈列是一种大幅度提高卖场的分量感、促进商品销售的陈列样式，是陈列技术基本中的基本。

每一种商品都有相应的“正面（face）”，顾客对于商品正面的识别度最高，商品陈列的大原则就是尽量将商品的正面对准顾客，前进立体式陈列是最能实现这个大原则的基本陈列方法。

另外，由于这种陈列采取将商品堆放在通道或货架置物板的前方，且整体的堆放形状较为立体，因此前进立体式陈列通常也被称为“面对面陈列”。整齐有序的前进立体式陈列是打造方便顾客购买的卖场的重要方式。

而且，前进立体式的陈列手法适用于所有商品。

不过，由于罐装、箱装、袋装商品的形状或大小、陈列工具、通道宽度、区域平衡感，以及商品卖点各不相同，实际的陈列方法也会有所差异。因此，需要掌握根据不同条件变换陈列方式的技巧。

### ◆前进立体式陈列（Face Up）的效果

· 使顾客感受到店铺整体的清洁感和商品的安全感。

· 商品正面朝向顾客，便于顾客比较，使商品更易于辨识和选择。

· 立体式陈列整齐有序，能提高卖场或专柜的安心感、信任感、分量感和热闹感。

·打造整齐划一的卖场形象，使商品变化陈列的效果倍增。

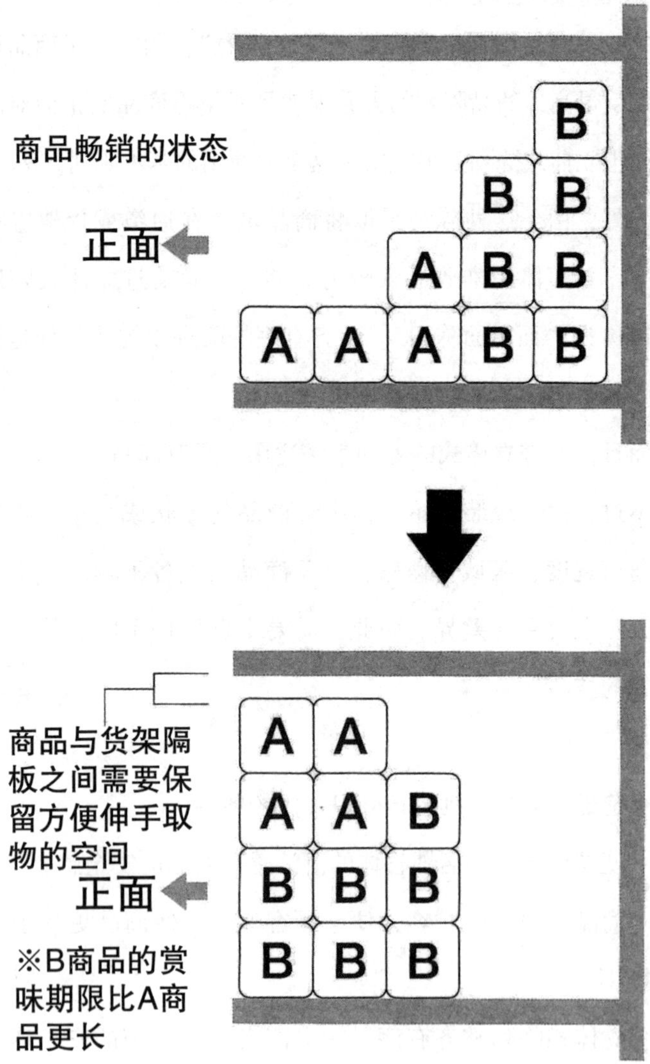

## 割箱式（开箱式）陈列

割箱式陈列是指保持商品到货时的状态，用胶带切割器或小刀将包装箱割开一定的深度，露出商品后直接进行陈列的方式。

开箱式陈列是指沿着胶带切割线或开口线打开箱子，直接对纸箱内部由多件单品成套打包的商品进行展示的陈列方式。

### ◆适合陈列的商品

· NB 商品等，顾客认知度高的品牌商品。

· 举办打折优惠等活动，预计可以大量销售的商品。

· 食用油、酱油、瓶装饮料等中型、大型商品。

· 难堆高、不适合裸露陈列的商品（例如，蛋黄酱、食醋、瓶装饮料等形态偏圆或包装容器上带有瓶嘴的商品，以及炒饭调味包、烤海苔等薄袋包装的商品等）。

### ◆陈列效果

· 营造物美价廉的印象，向顾客传达商品的实惠感。

· 吸引顾客接近商品并停留在卖场。

· 大量陈列营造卖场的充实感。

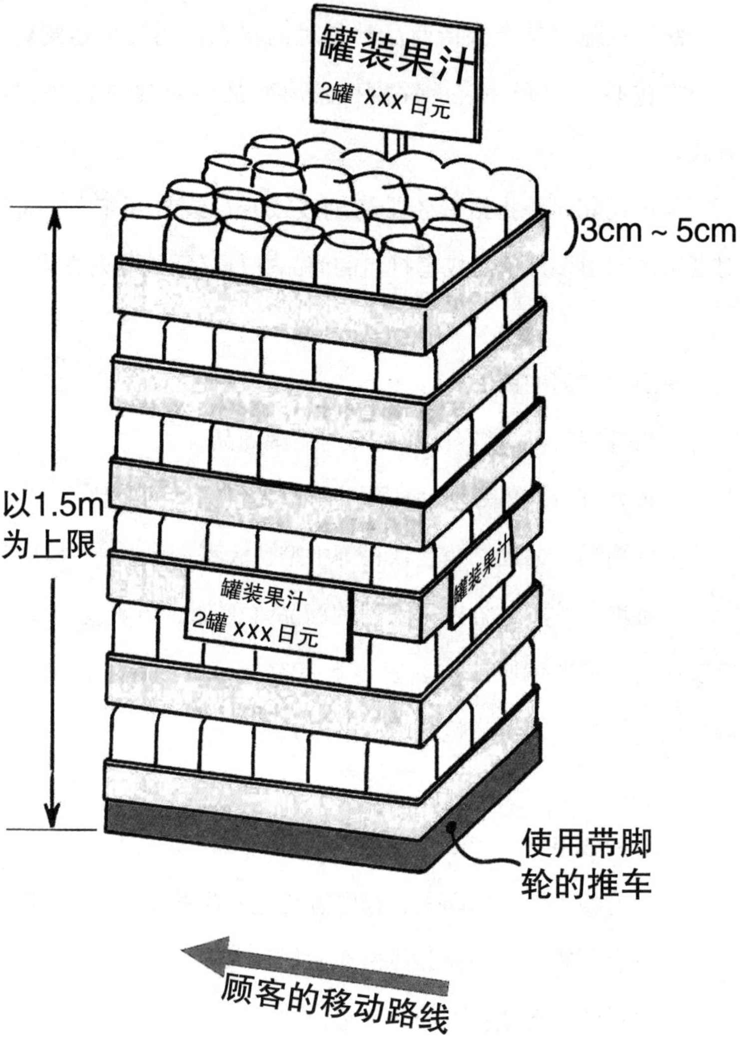

罐装果汁
2罐 XXX 日元
3cm ~ 5cm
以1.5m
为上限
罐装果汁
2罐 XXX 日元
罐装果汁
使用带脚
轮的推车
顾客的移动路线

## 杂式陈列（扔投式陈列）

杂式陈列是指将商品陈设在杂货柜、铁丝篮、藤筐、平面展台、花车等工具内，营造自由摆放、轻松随意的卖场氛围的陈列方法。

### ◆适合陈列的商品

·小型、中型商品，单件陈列时耗时耗力的商品。例如蘑菇罐头等小型罐头。

·顾客已经了解或易于理解其价格或内容的商品。如调味料等基础类商品。

·易于引起冲动消费、囤货购买的商品，嗜好性、简便性较高，容易顺手购买的商品。如饮料、方便面等。

·单价或毛利润低的商品。如100日元的果汁罐头、罐装饮料等。

·适合扔投，不易损坏、破损或变形的商品。如罐头、罐装饮料等。

### ◆陈列效果

·易于传达商品价格实惠的信息，给顾客留下物美价廉的印象。

·少量陈列时，也能营造商品价低实惠的效果。

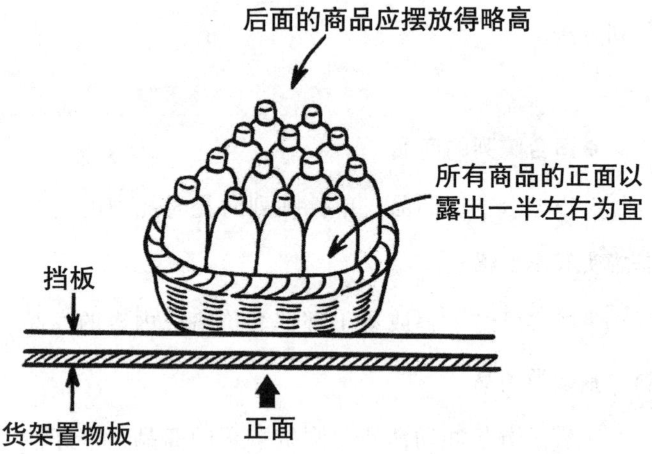
后面的商品应摆放得略高
所有商品的正面以
露出一半左右为宜
挡板
货架置物板
正面

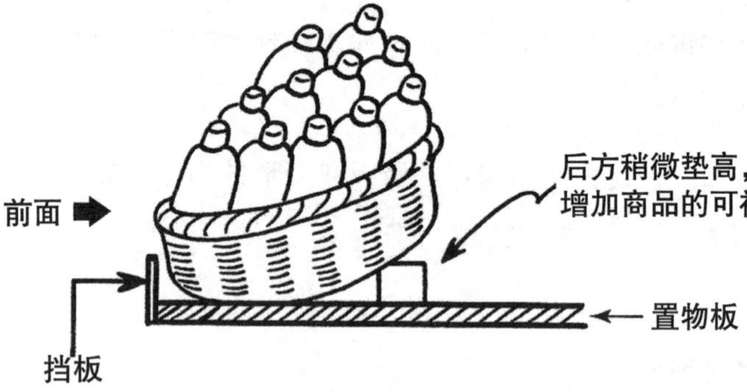
前面
后方稍微垫高，
增加商品的可视度
置物板
挡板

## 突出式（推出式）陈列

突出式陈列是指超出货架和冷柜的陈列水平线，将商品向前方的通道部分进行延伸的陈列方法。

### ◆适合陈列的商品

· 与后方陈设的常规商品相同的商品，与商品主题和推荐菜单相关的商品。

· 新商品、主推商品、折扣商品等。

· 希望通过强调宣传来提高成交率的商品。

### ◆陈列效果

· 提高商品的曝光度。

· 提高商品的成交率和可视率。

· 营造“价格实惠”“品类繁多”“人多热闹”的卖场氛围。

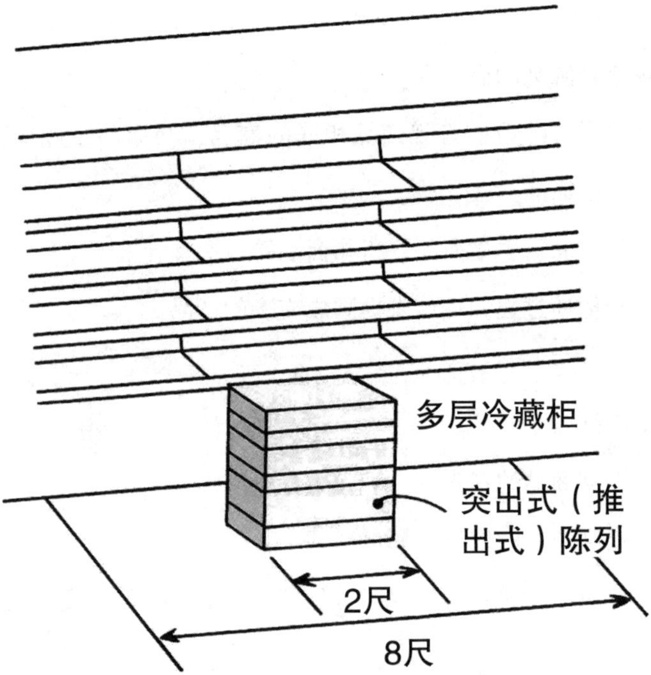
多层冷藏柜
突出式（推出式）陈列
2尺
8尺

## 翼式（翼形）陈列

翼式陈列是指将开箱商品或箱装商品等放置在端架、平面展台、平面冷柜等货架的两侧，以飞鸟展翅的形态进行陈列的方法。

**◆适合陈列的商品**

·与端架、平面展台的促销卖点相关的商品。

·新商品或主推商品。

·尤其希望吸引顾客眼球的商品。

·调味料、罐头、瓶装食品等容易促使顾客顺手购买或囤货购买的商品。

·卖剩的少量特价商品（1~3箱）。

**◆陈列效果**

·提高柜台的顾客停留率。

·构建新的顾客移动路线，提高卖场的回游性，增加购买量。

·提高商品的可视率。

·提高诱发顾客冲动购买的可能性。

·与端架、平面展台、平面冷柜等相邻，提高所售商品与卖场主题之间的联动性。

· 可为试吃销售等活动提供空间。

· 除了单件商品之外，可适合成箱商品的销售。

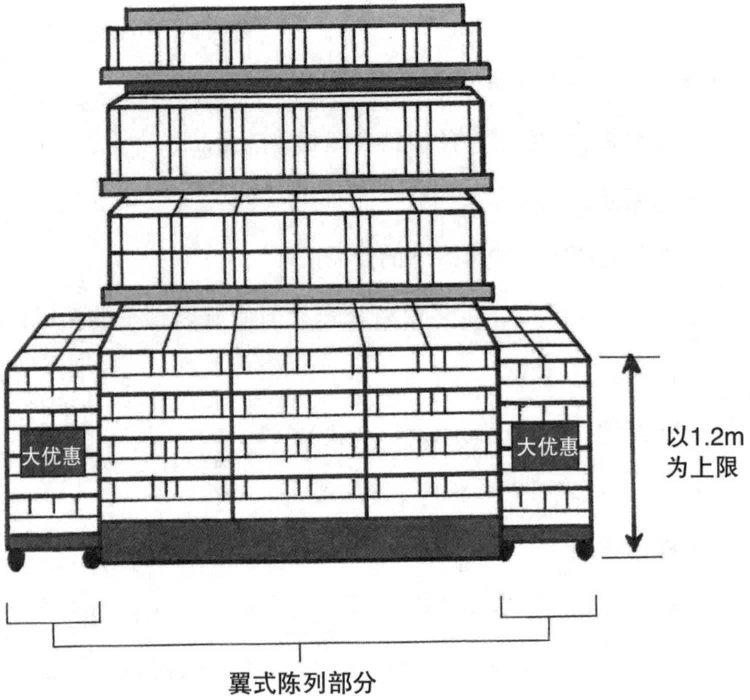

## 阶梯式（玩偶架）陈列

阶梯式陈列是指将箱装、罐装等商品分 3 段呈台阶状向上堆积的陈列方法。

### ◆适合陈列的商品

· 箱装、罐装等能够向上堆积且不易变形的商品。

### ◆陈列效果

· 营造卖场的丰富感，加强冲击力。

· 打造“实惠”“高级”等卖场印象，满足顾客的需求与期望。

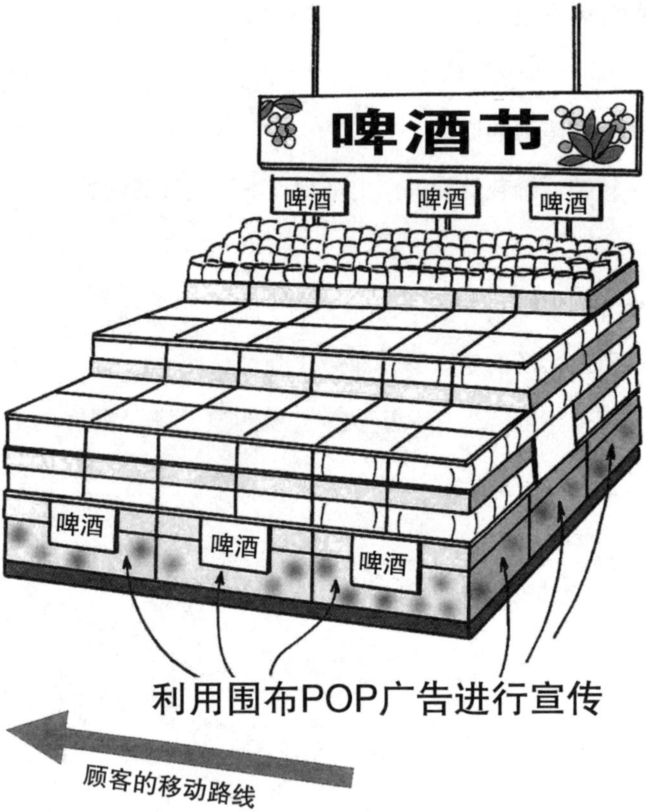
啤酒节
啤酒
啤酒
啤酒
啤酒
啤酒
啤酒
利用围布POP广告进行宣传
顾客的移动路线

## 扩展式（延伸式）陈列

扩展式陈列是指超出一般商品陈列水平线、在略微向前延伸的位置进行陈列的方法。

### ◆适合陈列的商品

·新产品、本店的重点商品、每月特卖商品等尤其需要加大宣传、吸引顾客的商品。

·小型、中型商品。

·希望通过营造氛围或推荐菜谱等方式进行多品种组合促销的商品。如正宗中华料理或意大利料理的材料等。

### ◆陈列效果

·超出一般商品陈列水平线，能有效提高关注度。

·易区分于其他陈列方法，在货架内也可灵活使用。

·通道较为狭窄时，可达到与突出式陈列相同的效果。

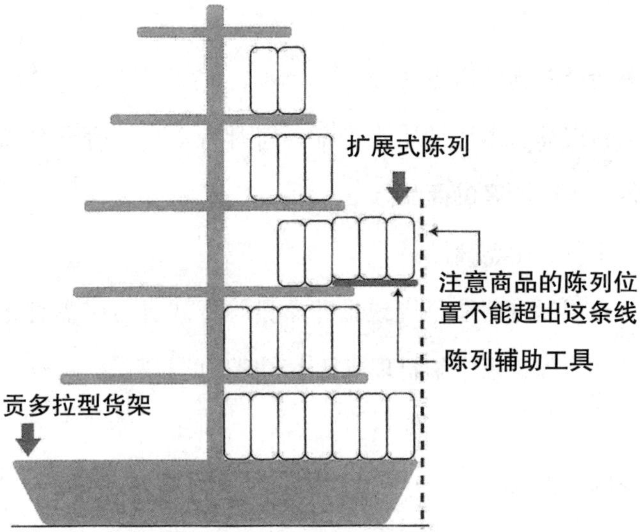

扩展式陈列
注意商品的陈列位
置不能超出这条线
陈列辅助工具
贡多拉型货架

## 线式（线状）陈列

线式陈列是指将商品按线条形状进行陈列的方法。

### ◆适合陈列的商品

· 以罐头、罐装饮料等圆筒形或长方形商品为主。

· 希望突出新鲜度和味道的商品。

· 小型、中型商品。

· 轻量商品。

### ◆陈列效果

· 陈列在端架、冷柜等货架的中段部位时，具有很好的吸睛效果。

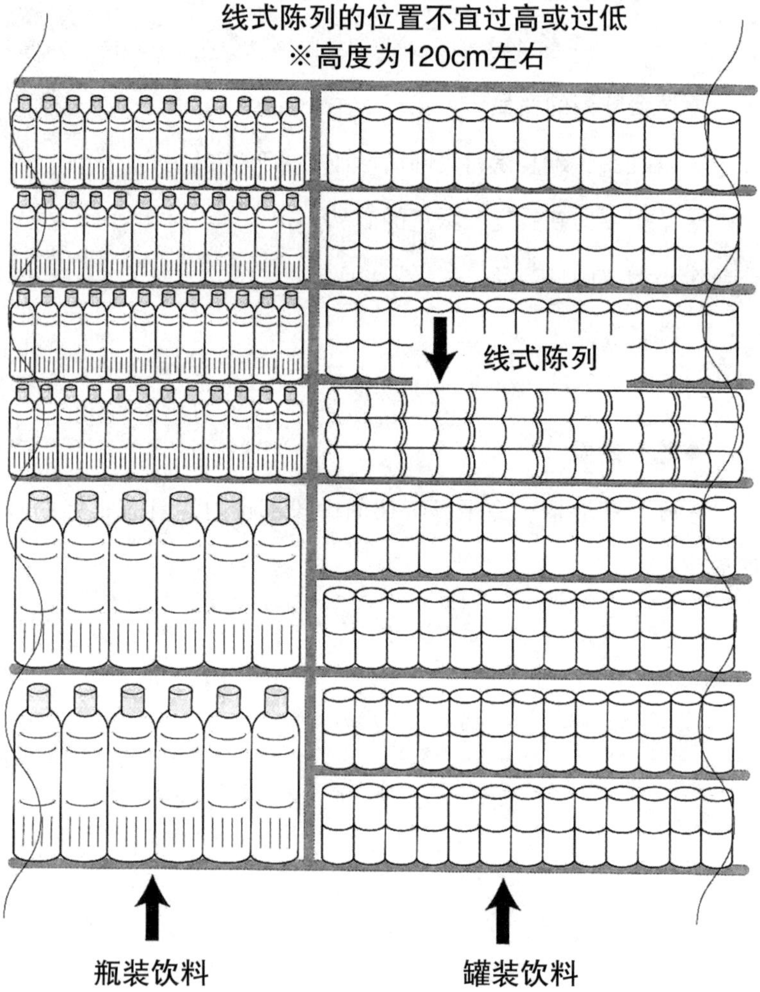

线式陈列的位置不宜过高或过低
※高度为120cm左右
线式陈列
瓶装饮料
罐装饮料

## 空间式陈列

空间式陈列是指有效利用多层开放式货柜、冷藏·冷冻柜的上层平面、柱子周围等通常不曾用于陈列的空间（位置），陈列菜单或季节性相关商品的方法。

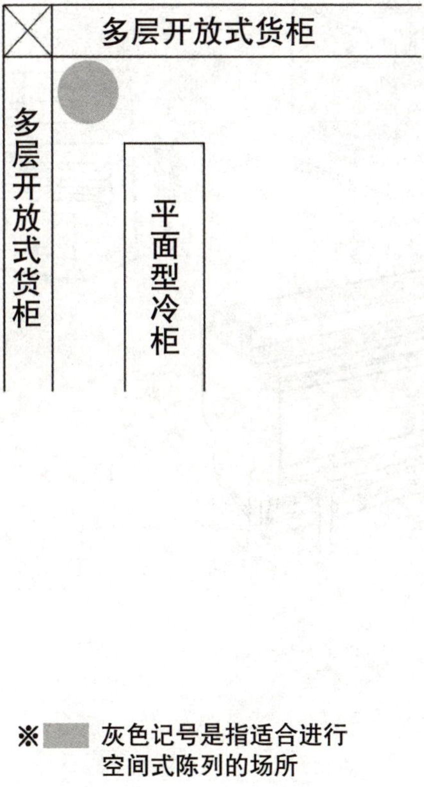

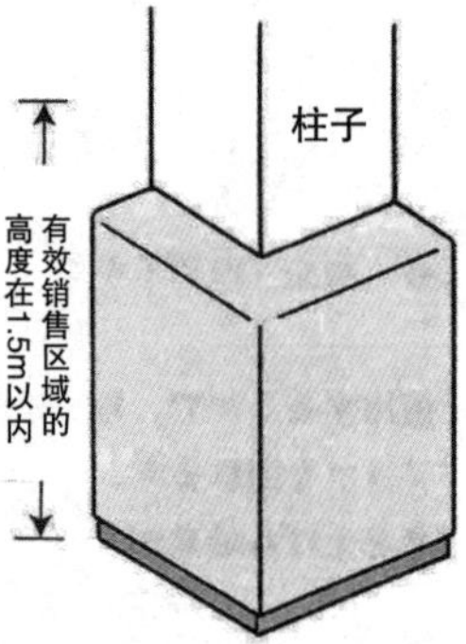
柱子
有效销售区域的高度在1.5m以内

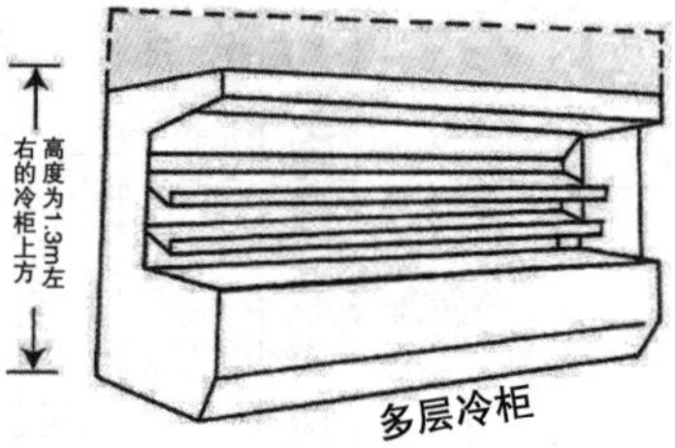
高度为1.3m左右的冷柜上方
多层冷柜

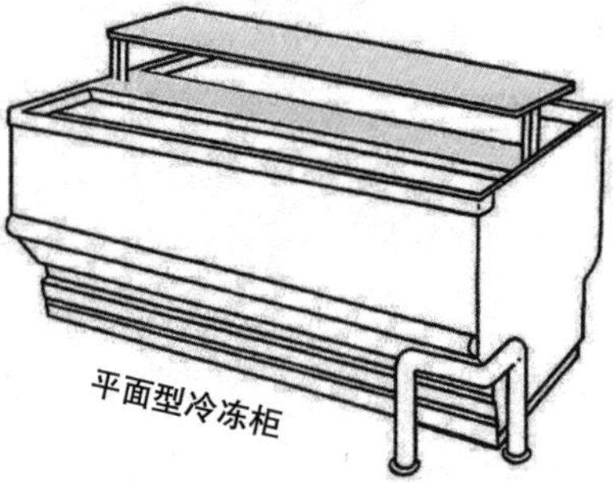
平面型冷冻柜

**◆适合陈列的商品**

·与周边商品有一定关联性的所有非冷藏商品原则上均可摆放。

·直接陈列时可确保稳定性的小型至中型商品。

·礼品。

·可提高店铺形象的进口商品、高价商品、主推商品

**◆陈列效果**

·在通常不使用的空间展示商品，能提高商品的吸睛效果。

·通过推荐菜单、营造季节感、设置主题等方式创造商品间的关联性，提高顾客的好奇心和关注度，从而提升店铺整体形象。

·开展空间式陈列的柜台更有效提高顾客的停留率。

·店铺能够主动向顾客传达信息。

## 样品式陈列

样品式陈列是指在希望强调商品的内容或推荐菜单时，向顾客直接展示样品，使顾客实际触摸样品，甚至利用餐厅展柜里的食物样品进行陈列的方法。

**◆适合陈列的商品**

·从包装中取出或切割后不易腐败变质的商品。

·放入透明的密闭容器时，能展示商品的色彩、形状、容量等，

便于顾客理解的商品。例如什锦水果罐头、什锦蜜豆罐头等。

·通过手握或触摸来感受其价值的商品。

**◆陈列效果**

·通过展示商品内容或菜单样品，能够直观地向顾客介绍商品的新鲜度、味道、料理信息、容量等特征，刺激感官。

·直接接触商品能让顾客感受到商品的价值。

·提高商品或柜台的吸睛效果。

人气午餐！
意大利面·通心粉 Sale
番茄水煮罐头或蛤蜊水煮罐头
番茄酱（300g）
蘑菇（片）迷你罐头
叉子
意面菜单的样品陈列
用红色桌布衬托
将意大利面装在玻璃杯中进行样品陈列
意面酱料（肉酱）
意面酱料（蘑菇酱）
意大利面（300g）
通心粉（各类）
意大利面（500g）

### ②与各部门关联性较强的陈列方式

**图表 62** 体现了上述各类陈列方式与生鲜超市各部门之间的关联性强弱。

与各部门关联性较强的陈列方式能在商品促销和提供饮食生活建议等方面起到重要作用，必须准确把握各种方式适合陈列的商品以及陈列效果，并付诸实践。

**图表62　与各部门关联性较强的陈列方式**

●：关联性较强的部门

| | 果蔬 | 精肉 | 精肉 | 配菜 | 日配 | 杂货 | 点心 | 酒类 | 非食用类 |
|---|---|---|---|---|---|---|---|---|---|
| 前进立体式陈列 | ● | ● | ● | ● | ● | ● | ● | ● | ● |
| 割箱式陈列 | ● | | | | | ● | ● | ● | ● |
| 杂式陈列 | ● | | ● | | ● | ● | ● | | |
| 突出式陈列 | ● | ● | ● | | | ● | ● | ● | |
| 翼式陈列 | ● | ● | ● | | | ● | | | |
| 阶梯式陈列 | ● | ● | ● | ● | ● | ● | ● | ● | |
| 堆高式陈列 | | | | | | ● | | | |
| 瀑布式陈列 | ● | | | | | ● | ● | | |
| 扩展式陈列 | | | | | ● | ● | ● | ● | ● |
| 线式陈列 | | | | | ● | ● | | ● | |
| 挂钩式陈列 | | | | | | ● | ● | | ● |
| 推车式陈列 | ● | | | | | ● | | ● | |
| 交叉式陈列 | ● | | | | | ● | | ● | |
| 空间式陈列 | ● | ● | ● | ● | ● | ● | ● | ● | ● |
| 壁面式陈列 | | | | | | ● | ● | ● | ● |
| 样品式陈列 | ● | ● | ● | ● | ● | ● | ● | | ● |
| 倾斜式陈列 | ● | | ● | | ● | ● | ● | ● | ● |
| 半圆式陈列 | | | ● | | | ● | | ● | |
| 堆箱式陈列 | | | | | | ● | | ● | |
| 包装式陈列 | ● | ● | ● | ● | ● | | | | |

# 后 记

一言概之，与饮食相关的知识范围极广，涉及的领域十分宽泛。在卖场与顾客交谈的过程中，能派上用场的知识可谓是无穷无尽。若对商品了如指掌，还会被冠以“××的专家”“××百事通”的美名。不过，笔者希望，作为饮食生活规划师所需了解的知识不能仅停留在商品促销的层面。

饮食对于人们而言，应该在满足食欲的同时，发挥着偶尔带来惊喜和快乐，或是发现新鲜事物的重要作用。探寻烹饪方法或食用方法，向顾客推荐新式菜单或相关商品，带来更多的美食享受，这也是我们作为饮食生活规划师的重要职责。另外，我们不仅要考虑如何售出商品，更应具备在商品售出后，继续为顾客及其家庭提供健康饮食保障的使命感。更重要的是，饮食也是我们做好自身健康管理的基础。笔者认为，实际制作料理的行为提供了工作所需的基础知识，是极其重要的学习内容。

近来，人们的健康意识越来越强，各类商品也推陈出新、层出不穷。所谓良药苦口，人们不喜的食品中往往含有身体所需的营养素。多吃此类食品虽然对健康有益，若矫枉过正，用餐则会成为一项半强制性的义务，出现“对身体好必须多吃”“可以预防疾病，一定要吃”等心理负担。

2013 年 12 月 4 日，“和食”被列入世界非物质文化遗产名录。日本农林水产省的官方主页上，列举了和食的 4 个特征：

· 食材新鲜多样，尊重原本风味

· 营养合理均衡，打造健康生活

· 体现自然之美，展示四季变迁

· 紧扣年节仪式，注重传统传承

无论如何，我们站在食品销售方的立场上，若能尽可能地提高作为饮食生活规划师所需的技能，那么不仅能影响零售店，甚至能对食品行业整体产生积极的相乘效果。从事食品流通行业，就必须承担顾客的生命安全以及环境相关问题的重担，要大胆提出建议，勇往直前。

本书执笔过程中，感谢小久保麻友子、福岛绫子，管理营养师太田彩华，以及商业界（股份有限公司）梶山泉的鼎力相助、不吝赐教。在此向诸位表示最诚挚的谢意。

2014 年 9 月

铃木国朗

# “服务的细节”系列

《卖得好的陈列》：日本“卖场设计第一人”永岛幸夫

定价：26.00 元

《为何顾客会在店里生气》：家电卖场销售人员必读

定价：26.00 元

《完全餐饮店》：一本旨在长期适用的餐饮店经营实务书

定价：32.00 元

《完全商品陈列 115 例》：畅销的陈列就是将消费心理可视化

定价：30.00 元

《让顾客爱上店铺 1——东急手创馆》：零售业的非一般热销秘诀

定价：29.00 元

《如何让顾客的不满产生利润》：重印 25 次之多的服务学经典著作

定价：29.00 元

《新川服务圣经——餐饮店员工必学的 52 条待客之道》：日本“服务之神”新川义弘亲授服务论

定价：23.00 元

《让顾客爱上店铺 2——三宅一生》：日本最著名奢侈品品牌、时尚设计与商业活动完美平衡的典范

定价：28.00 元

《摸过顾客的脚才能卖对鞋》：你所不知道的服务技巧，鞋子卖场销售的第一本书

定价：22.00 元

《繁荣店的问卷调查术》：成就服务业旺铺的问卷调查术

定价：26.00 元

《菜鸟餐饮店 30 天繁荣记》：帮助无数经营不善的店铺起死回生的日本餐饮第一顾问

定价：28.00 元

《最勾引顾客的招牌》：成功的招牌是最好的营销，好招牌分分钟替你召顾客！

定价：36.00 元

《会切西红柿，就能做餐饮》：没有比餐饮更好做的卖卖！ 饭店经营的“用户体验学”。

定价：28.00 元

《制造型零售业——7-ELEVEn 的服务升级》：看日本人如何将美国人经营破产的便利店打造为全球连锁便利店 NO.1！

定价：38.00 元

《店铺防盗》：7 大步骤消灭外盗，11 种方法杜绝内盗，最强大店铺防盗书！

定价：28.00 元

《中小企业自媒体集客术》：教你玩转拉动型销售的 7 大自媒体集客工具，让顾客主动找上门！

定价：36.00 元

《敢挑选顾客的店铺才能赚钱》：日本店铺招牌设计第一人亲授打造各行业旺铺的真实成功案例

定价：32.00 元

《餐饮店投诉应对术》：日本 23 家顶级餐饮集团投诉应对标准手册，迄今为止最全面最权威最专业的餐饮业投诉应对书。

定价：28.00 元

《大数据时代的社区小店》：大数据的小店实践先驱者、海尔电器的日本教练传授小店经营的数据之道

定价：28.00 元

《线下体验店》：日本“体验式销售法”第一人教你如何赋予 O2O 最完美的着地！

定价：32.00 元

《最强导购成交术》：解决导购员最头疼的 55 个问题，快速提升成交率！

定价：36.00 元

《帝国酒店——恰到好处的服务》：日本第一国宾馆的 5 秒钟魅力神话，据说每一位客人都想再来一次！

定价：33.00 元

《餐饮店长如何带队伍》：解决餐饮店长头疼的问题——员工力！ 让团队帮你去赚钱！

定价：36.00 元

《漫画餐饮店经营》：老板、店长、厨师必须直面的 25 个营业额下降、顾客流失的场景

定价：36.00 元

《店铺服务体验师报告》：揭发你习以为常的待客漏洞 深挖你见怪不怪的服务死角 50 个客户极致体验法则

定价：38.00 元

《餐饮店超低风险运营策略》：致餐饮业有志创业者 & 计划扩大规模的经营者 & 与低迷经营苦战的管理者的最强支援书

定价：42.00 元

《生鲜超市工作手册蔬果篇》：海量图解日本生鲜超市先进管理技能

定价：38.00 元

《生鲜超市工作手册肉禽篇》：海量图解日本生鲜超市先进管理技能

定价：38.00 元

《生鲜超市工作手册水产篇》：海量图解日本生鲜超市先进管理技能

定价：38.00 元

《生鲜超市工作手册日配篇》：海量图解日本生鲜超市先进管理技能

定价：38.00 元

《生鲜超市工作手册副食调料篇》：海量图解日本生鲜超市先进管理技能

定价：48.00 元

《生鲜超市工作手册 POP 篇》：海量图解日本生鲜超市先进管理技能

定价：38.00 元

《日本新干线 7 分钟清扫奇迹》：我们的商品不是清扫，而是“旅途的回忆”

定价：39.80 元

《像顾客一样思考》：不懂你，又怎样搞定你？

定价：38.00 元

《好服务是设计出来的》：设计，是对服务的思考

定价：38.00 元

《让头回客成为回头客》：回头客才是企业持续盈利的基石

定价：38.00 元

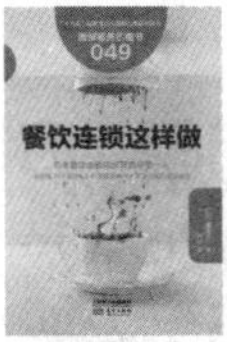


《餐饮连锁这样做》：日本餐饮连锁店经营指导第一人

定价：39.00 元

《养老院长的 12 堂管理辅导课》：90%的养老院长管理烦恼在这里都能找到答案

定价：39.80 元

《大数据时代的医疗革命》：不放过每一个数据，不轻视每一个偶然

定价：38.00 元

《如何战胜竞争店》：在众多同类型店铺中脱颖而出

定价：38.00 元

《这样打造一流卖场》：能让顾客快乐购物的才是一流卖场

定价：38.00 元

《店长促销烦恼急救箱》：经营者、店长、店员都必读的“经营学问书”

定价：38.00 元

《餐饮店爆品打造与集客法则》：迅速提高营业额的“五感菜品”与“集客步骤”

定价：58.00 元

《赚钱美发店的经营学问》：一本书全方位掌握一流美发店经营知识

定价：52.00 元

《新零售全渠道战略》：让顾客认识到“这家店真好，可以随时随地下单、取货”

定价：48.00 元

《良医有道：成为好医生的 100 个指路牌》：做医生，走经由“救治和帮助别人而使自己圆满”的道路

定价：58.00 元

《口腔诊所经营 88 法则》：引领数百家口腔诊所走向成功的日本口腔经营之神的策略

定价：45.00 元

《来自 2 万名店长的餐饮投诉应对术》：如何搞定世界上最挑剔的顾客

定价：48.00 元

《超市经营数据分析、管理指南》：来自日本的超市精细化管理实操读本

定价：60.00 元

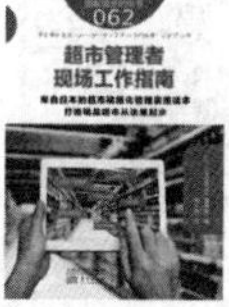


《超市管理者现场工作指南》：来自日本的超市精细化管理实操读本

定价：60.00 元

《超市投诉现场应对指南》：来自日本的超市精细化管理实操读本

定价：60.00 元

《超市现场陈列与展示指南》

定价：60.00 元

《向日本超市店长学习合法经营之道》

定价：78.00 元

《让食品网店销售额增加 10 倍的技巧》

定价：68.00 元

《让顾客不请自来！卖场打造 84 法则》

定价：68.00 元

《有趣就畅销！商品陈列 99 法则》

定价：68.00 元

《成为区域旺店第一步——竞争店调查》

定价：68.00 元

《餐饮店如何打造获利菜单》

定价：68.00 元

《日本家具 & 家居零售巨头 NITORI 的成功五原则》

定价： 58.00 元

《咖啡店卖的并不是咖啡》

定价： 68.00 元

《革新餐饮业态： 胡椒厨房创始人的突破之道》

定价： 58.00 元

《餐饮店简单改换门面， 就能增加新顾客》

定价： 68.00 元

《让 POP 会讲故事， 商品就能卖得好》

定价： 68.00 元

《经营自有品牌： 来自欧美市场的实践与调查》

定价： 78.00 元

《卖场数据化经营》

定价： 58.00 元

《超市店长工作术》

定价： 58.00 元

《习惯购买的力量》

定价： 68.00 元

《7-ELEVEn 的订货力》

定价： 58.00 元

《与零售巨头亚马逊共生》

定价： 58.00 元

《下一代零售连锁的 7 个经营思路》

定价： 68.00 元

《唤起感动： 丽思卡尔顿酒店“不可思议” 的服务》

定价： 58.00 元

**更多本系列精品图书，敬请期待！**

图字：01-2018-1195 号



**图书在版编目（CIP）数据**

超市转型：做顾客的饮食生活规划师 /（日）铃木国朗 著；王蕾 译. —北京：东方出版社，2019.5
（服务的细节；086）
ISBN 978-7-5207-0896-8

Ⅰ.①超… Ⅱ.①铃… ②王… Ⅲ.①超市—饮食服务—商业管理 Ⅳ.①F717.6

中国版本图书馆 CIP 数据核字（2019）第 047283 号

**服务的细节 086：超市转型：做顾客的饮食生活规划师**
（FUWU DE XIJIE 086：CHAOSHI ZHUANXING：ZUO GUKE DE YINSHI SHENGHUO GUIHUASHI）

作　　者：[日] 铃木国朗
译　　者：王　蕾
责任编辑：崔雁行　高琛倩
出　　版：东方出版社
发　　行：人民东方出版传媒有限公司
地　　址：北京市东城区东四十条 113 号
邮　　编：100007
印　　刷：北京文昌阁彩色印刷有限责任公司
版　　次：2019 年 5 月第 1 版
印　　次：2019 年 5 月第 1 次印刷
开　　本：880 毫米×1230 毫米　1/32
印　　张：7.5
字　　数：136 千字
书　　号：ISBN 978-7-5207-0896-8
定　　价：68.00 元
发行电话：（010）85924663　85924644　85924641